REGLEMENT

POUR

LA LIBRAIRIE

ET

IMPRIMERIE.

REGLEMENT

POUR

LA LIBRAIRIE

ET

IMPRIMERIE

DE PARIS;

Arrêté au Conseil d'Etat du Roy,
Sa Majesté y etant,
le 28. Fevrier 1723.

IMPRIME'

Pour ladite Communauté,
par son Syndic.

M. DCC XXIII.

DES TITRES.

Fin de la Table.

REGLEMENT

ā iij

TABLE

REGLEMENT

POUR

LA LIBRAIRIE

ET

IMPRIMERIE

DE PARIS.

Arrêté au Conſeil d'Etat du Roy, Sa Majeſté y étant, le 28. Fevrier 1723.

Extrait des Regiſtres du Conſeil d'Etat.

L E R O Y s'étant fait repreſenter en ſon Conſeil ſa Declaration du 10. Decembre 1720. contenant Reglement pour la Librairie &

A

Imprimerie de Paris ; & Sa Majesté étant informée qu'encore
que ce Reglement eût été com-
posé avec grand soin ; cependant
lorsqu'il fut porté en son Parlement, avec les Lettres de Ca-
chet ordinaires pour y être en-
registré, il s'y trouva matiere à
plusieurs observations, qui ont
paru judicieuses & meriter qu'il
fut apporté quelques change-
ments à un grand nombre d'Articles. Que d'ailleurs quelques
nouveaux abus qui se sont in-
troduits parmi ceux qui exercent l'Art de la Librairie &
Imprimerie ayant exigé qu'on y
inscrât quelques nouveaux Articles, pour y remedier & prévenir
ceux qui pourroient s'introduire
à l'avenir ; Sa Majesté auroit
jugé à propos de faire retirer
sadite Declaration, & de faire
travailler à la réformation dudit
Reglement, lequel ayant été de
nouveau rapporté & approuvé
en son Conseil, il ne reste plus

qu'à le revêtir de ſon autorité
pour lui donner une pleine execution ; à quoy voulant pourvoir;
Ouy le Rapport. SA MA-
JESTE' ETANT EN SON
CONSEIL, à Ordonné & Or-
donne ce qui en ſuit.

TITRE PREMIER.

DES FRANCHISES,
Exemptions & Immunitez des
Imprimeurs & Libraires de
Paris.

ARTICLE PREMIER.

LEs Libraires & les Imprimeurs
ſeront cenſez & reputez du
Corps & des Suppoſts de l'Univerſité de Paris, diſtinguez & ſé-
parez des Arts mécaniques, main-
tenus, gardez & confirmez en la
joüiſſance de tous les Droits,

Franchiſes, Immunitez, Prérogatives & Privileges attribuez à
ladite Univerſité & auſdits Libraires & Imprimeurs ; & en cette
qualité ſera & demeurera la
Communauté des Imprimeurs &
& Libraires, franche, quitte &
exempte de toutes Contributions,
Preſts, Taxes, Levées, Subſides
& Impoſitions miſes & à mettre,
impoſées & à impoſer ſur les
Arts & Meſtiers, deſquels Sa
Majeſté l'a entierement exceptée,
diſtinguée & ſéparée ; même ſous
prétexte de confirmation deſdits
Droits, Privileges, Prérogatives,
dont Sa Majeſté veut qu'elle
joüiſſe franchement, paiſiblement,
& ſans aucun trouble.

ARTICLE II.

Les Livres tant Manuſcrits
qu'imprimez ou gravez, reliez
ou non reliez, vieux ou neufs,
d'Eſtampes, Cartes Geographi-
ques, ſoit qu'ils viennent des

Pays Etrangers & des Villes &
Provinces du Royaume, soit
qu'ils soient transportez hors du
Royaume, seront & demeureront
exempts, comme ils l'ont toûjours
été, & conformément aux Edits
& Declarations des Rois Préde-
cesseurs de Sa Majesté, de tous
Droits de Doüanne, Péages,
Ponts, Chaussées, Domaine,
Traitte, Impositions Foraines,
Acquits, Subsides, Resves, Prest,
Octroy, Passage, Haut-Passage,
Rivieres, Détroits, Entrées, Sor-
ties, Barrage, Travers, doubles-
Droits, Garde-Nuit, Boute-à-
Port, & autres Taxes & Impositions que ce soit mises & à mettre, sous quelque Titre que ce
soit, encore qu'elles ne soient
icy précisement exprimées & declarées. Fait Sa Majesté défenses aux Fermiers Generaux, Fermiers des Provinces & Villes du
Royaume, Sous-Fermiers, Trait-
tans, Commis, Receveurs, Dé-
putez, Gardes, & à tous autres

Employez pour la Regie & Perception des Droits dans toutes les Doüannes, Romaines & autres Bureaux des Provinces, Villes & autres lieux de son obéiſſance, de lever aucuns deniers ſur les marchandiſes de Librairie; & leur enjoint de les laiſſer aller & venir, entrer & ſortir franchement & quittement, ſans pouvoir les arrêter pour payer aucune choſe, à peine du quadruple, & de plus grande amende, s'il y échet. Les Fontes, Lettres & Caracteres d'Imprimerie, vieux ou neufs & l'Encre ſervant à imprimer venant des Pays Etrangers & des Villes & Provinces du Royaume joüiront auſſi de la même exemption.

Article III.

Et afin que les Marchandiſes de la qualité cy - deſſus exprimée joüiſſent deſdites Exemptions ; veut Sa Majeſté que ſur chaque

Balle, Ballot, Tonne, Tonneau,
Caisse, Coffre, Malle, Banne
ou Paquet, il y ait une declaration, portant que ce sont des
Livres, Fontes, Caracteres, Lettres ou Encre servant à l'Imprimerie en ces termes: *Livres,
Caracteres d'Imprimerie, Encre
d'Imprimerie.*

TITRE II.

DES IMPRIMEURS
& Libraires en general.

ARTICLE IV.

DEfenses sont faites à toutes personnes de quelque qualité & condition qu'elles soient autres que les Libraires & Imprimeurs de faire le commerce de Livres, en vendre & débiter aucuns ; les faire afficher pour les vendre en leurs noms, soit qu'ils s'en disent les Auteurs ou autrement ; tenir Boutique ou Magasin de Livres, acheter pour revendre en gros & en détail, en chambre & autres lieux, même sous pretexte de les vendre à l'Encan, aucuns Livres en blanc ou relié, gros ou petits, neufs ou fripez, même des vieux papiers, qu'on appelle à la Rame & vieux parchemins, à peine de cinq cens livres d'amende,

de

de confifcation, & de punition exemplaire. Défend auffi Sa Majefté aux Imprimeurs & aux Afficheurs d'imprimer & de pofer aucunes Affiches portant indication de la vente des Livres ailleurs que chez les Lib.. .es & les Imprimeurs, fous pareilles peines ; comme auffi aux Auteurs & à toutes perfonnes autres que lefdits Imprimeurs d'avoir & tenir en quelque lieu que ce foit, & fous quelque titre & pretexte que ce puiffe être, aucunes Preffes, Caracteres & Uftanciles d'Imprimerie, à peine de punition exemplaire, de confifcation des Preffes & Caracteres, & de trois mille livres d'amende.

Article V.

Et d'autant que certains Porteurs de Balles, & foy-difant Merciers, fous pretexte de vendre des Heures & des petits Livres, ont fouvent apporté, vendu & debité des Libelles diffa-

matoires , Memoires contre l'E-
tat & la Religion & des Livres
défendus ou contrefaits , au préjudice des Privileges par Nous
accordez ; défenses sont faites
ausdits Porteurs de Balles & prétendus Merciers, ou autres qui
ne sont reçûs Libraires, d'avoir,
vendre ni debiter aucuns Livres
imprimez de quelque nature &
qualité qu'ils puissent être, à peine
de punition corporelle, & de confiscation desdits Livres & des Marchandises qui y feront jointes.
N'entend néanmoins Sa Majesté
empêcher les Marchands Merciers
Grossiers de la Ville de Paris de
vendre des A. B C. Almanachs
& petits Livres d'Heures & Prieres imprimez hors de ladite Ville,
sans qu'ils puissent vendre aucuns
autres Livres ; & en cas de con-
travention , permet Sa Majesté
aux Syndic & Adjoints de les
faires faisir, en consequence d'une
Permission du Lieutenant General
de Police.

ARTICLE VI.

Permet Sa Majefté aux Femmes & Veuves des Relieurs & à celles des Compagnons Imprimeurs, Libraires, Relieurs d'acheter & revendre les Papiers à la Rame & les vieux Parchemins à l'ufage des Imprimeurs, Libraires & Relieurs, après toutefois qu'elles en auront obtenu la Permiffion par écrit des Syndic & Adjoints, defquelles Permiffions, enfemble des noms & demeures defdites Femmes, il fera fait mention fur le Livre de la Communauté, à peine contre les contrevenans de confifcation & d'amende arbitraire ; & feront en outre lefdites Femmes & Veuves obligées de tenir un Livre de leurs achats, & d'obferver le contenu en l'Article fuivant.

ARTICLE VII.

Défenfes font faites à tous Libraires d'acheter aucuns Livres

des enfans ou Serviteurs des autres Libraires , des enfans de
familles, des Ecoliers , des Serviteurs, Domeftiques & de toutes
perfonnes inconnuës, s'ils ne font
certifiez par d'autres perfonnes
domiciliées & capables d'en répondre , ce qui fera pareillement
obfervé à l'égard des vieux Papiers & Parchemins ; même de
ceux qui font apportez de Pro-
vince pour être vendus à Paris.

Article VIII.

Ceux qui auront fait achat
defdits Livres, Papiers & Parchemins, feront mention de leurs
noms & qualitez fur leurs Regif-
tres , comme auffi de la qualité,
noms & demeures des particuliers
qui les auront vendus. Enjoint
Sa Majefté aufdits Libraires &
tous autres de retenir les Livres
qui leur feront prefentez par perfonnes inconnuës & fufpectes,
& de les remettre dans les vingt-
quatre heures entre les mains des
Syndic & Adjoints , qui feront

tenus d'en avertir le Lieutenant General de Police ; le tout à peine contre les Libraires d'être civilement refponfables des Livres volez ou détournez qui fe trouveront chez eux , d'amende arbitraire, & d'Interdiction pendant trois mois pour la premiere fois, & même de punition corporelle en cas de recidive ; & contre les perfonnes autres que lefdits Libraires de punition corporelle dès la premiere fois.

Article IX.

Tous les Imprimeurs & Libraires feront imprimer les Livres en beaux Caracteres , fur de bon Papier & bien corects , avec le nom & la demeure du Libraire qui aura fait faire l'impreffion pour fon compte & à fes dépens. Et à l'égard des Livres & autres Ecrits de la qualité de ceux dont le Lieutenant General de Police peut permettre l'impreffion ; ensemble des Factums, Requêtes, Memoires, Arrêts, Jugemens, Placards, &c. feront tenus lefdits Libraires & Imprimeurs de mettre leurs noms & demeures au commencement ou à la fin defdits Livres, Ecrits & Memoires, &c. le tout à peine de confifcation, d'amende, & de plus grande peine, s'il y échet Sera tenu l'Imprimeur qui aura fait une impreffion pour le compte du Libraire de mettre fon nom feulement à la fin du Livre, outre le nom & la demeure du Libraire qui fera au commencement, à peine de confifcation & d'amende.

ARTICLE X.

Défenfes font faites à tous Imprimeurs & à tous Libraires de fuppofer aucun autre nom d'Imprimeur ou de Libraire, & de le mettre au lieu du leur en aucun Livre, comme auffi d'y appofer la marque d'aucun autre Impri-

meur ou Libraire , à peine d'être
punis comme fauſſaires , de trois
mille livres d'amende & de confiſcation des Exemplaires.

A R T I C L E X I.

Les Libraires & Imprimeurs
ou leurs Veuves ne prêteront leur
nom à qui que ce ſoit pour tenir
Imprimerie ou Boutique de Librairie , vendre ou negocier des
Livres à peine de confiſcation des
Imprimeries & des Livres au profit de la Communauté , & de cinq
cent livres d'amende , & de pareille ſomme contre ceux qui ſe
feront ſervi du nom des Imprimeurs ou Libraires.

A R T I C L E X I I.

Les Libraires qui auront Imprimerie & Boutique ou Magaſin ouvert de Librairie, les tiendront dans les quartiers de l'U-
niverſité en mêmes lieux & non

separément, s'ils n'en ont obtenu de Sa Majesté une Permission particuliere, qui ne sera accordée qu'en cas d'une necessité absoluë; & à l'égard des Libraires qui n'auront Imprimerie, ils pourront tenir leurs Boutiques dans le quartier de l'Université ou au dedans du Palais, & non ailleurs, à l'exception néanmoins de ceux qui voudront se restraindre à ne vendre que des Heures & des petits Livres de Prieres, des Edits, Declarations & Arrêts seulement, auquel cas ils pourront encore demeurer aux environs du Palais, dans la ruë & Parvis Nôtre Dame, Pont-au-Change & Quay de Gesvre, à peine de confiscation des autres Livres dont ils se trouveront saisis & d'amende arbitraire. Et afin que sous le mot d'Université quelques Libraires & Imprimeurs n'affectent pas d'aller demeurer dans des lieux les plus écartez de l'étenduë du quartier de l'Université;

Veut

Veut Sa Majesté qu'ils soient te-
nus d'établir leurs demeures de-
puis l'extrêmité & y compris le
Pont Saint Michel, & depuis la
ruë de la Huchette & ruë de la
Bucherie jusqu'à la ruë du Foüarre,
ruë Galande, Place Maubert,
ruë du Meurier, ruë Saint Victor,
Quay de la Tournelle, depuis la
ruë des Bernardins jusqu'à la Porte Saint Bernard, Montagne
Sainte Geneviéve jusqu'à la ruë
Bordet, ruë des Prêtres Saint
Eſtienne-du-Mont, Carré de Saint
Eſtienne, ruë de Saint Eſtienne des
Grès, ruë saint Jacques jusqu'aux
Jacobins, ruë des Cordiers, Place de Sorbonne, ruë de la Har-
pe, ruë des Cordeliers, ruë de
la Bouclerie, Carrefour du Pont
Saint Michel, ruë Saint André
des Arcs, Quay des Auguſtins,
jusques & compris la ruë Dau-
phine, Quay Malaquais jusques
& compris les Pavillons dépendans du College Mazarin, &
au dedans de toutes les ruës qui

font enfermées dans l'enceinte de celles cy-deſſus déſignées, à l'exception toutefois des Colleges & Cómunautez tant Regulieres que Seculieres, lieux prétendus Privilegiez & renfermez, eſquels Sa Majeſté défend auſdits Imprimeurs & auſdits Libraires de tenir leurs Imprimeries & Boutiques & d'y faire leur demeures, à peine de confiſcation des Livres, Preſſes, Caracteres & Uſtanciles ſervans à l'Imprimerie, de privation de la Maîtriſe, & de punition corporelle en cas de récidive.

Article XIII.

Permet Sa Majeſté néanmoins à tous Libraires d'avoir des Magaſins de Librairie non ouverts dans les Colleges, Maiſons Religieuſes & autres lieux hors de leur demeure, pourvû qu'ils ſoient dans les limites des lieux ſpecifiez en l'Article précedent, à la

charge par eux d'en faire la declaration expreſſe aux Syndic &
Adjoints, dont ſera fait mention
ſur un Regiſtre particulier de la
Communauté, à peine de confiſcation des Livres qui ſe trouveront dans les lieux non declarez, & de quinze cent livres d'a-
mende ; & auſſi à la charge de
la Viſite que Sa Majeſté permet
auſdits Syndic & Adjoints de faire eſdits Magaſins, en avertiſſant
les Principaux & autres Superieurs deſdits lieux, auſquels Sa
Majeſté enjoint de prêter le ſe-
cours de leur miniſtere, à peine
de deſobéiſſance.

A R T I C L E X I V.

Tous les Libraires exerçant
l'Imprimerie ſeront obligez de
mettre un Ecriteau ou Tableau
portant qu'ils tiennent Imprimerie, Et ne le pourront mettre
ailleurs que dans le lieu où ſera
actuellement leur Imprimerie, à

peine de trois cent livres, applicable au profit de la Communauté.

A R T I C L E X V.

Ne pourront les Libraires avoir plus d'une Boutique ou d'un Magasin ouvert pour la vente de leurs Livres, laquelle ne sera faite en aucuns autres lieux. Veut Sa Majesté qu'au devant de leur Boutique ou Magasin ouverts ils soient tenus de mettre un Ecriteau ou Tableau, portant le nom du Libraire ou de l'Imprimeur, ou autre indication qui désigne qu'il s'y vend des Livres. Fait pareillement défenses ausdits Imprimeurs & Libraires d'avoir aucun Etalage & Boutique portatif sur les Ponts, Quays, Parapets & dans les Maisons Privilegiées, ou en quelque endroit que ce puisse être, à peine de confiscation, d'amende arbitraire & de punition exemplaire, si le cas y échet.

A r t i c l e XVI.

Enjoint aufdits Libraires & Imprimeurs de tenir leurs Boutiques, Magafins & Imprimeries fermées les Dimanches & jours de Fêtes commandées par l'Eglife, à peine d'amende.

T I T R E III.

D E S   S O U S C R I P T I O N S.

A r t i c l e XVII.

VEut Sa Majefté qu'il ne puiffe être propofé au Public aucun Ouvrage par Soufcription que par un Libraire ou Imprimeur, qui fera garant des Soufcriptions envers le Public en fon propre & privé nom, & les deniers qui feront reçûs pour les Soufcrip-

tions ne pourront être remis en
d'autres mains qu'en celles des
Libraires ou Imprimeurs au nom
defquels fe feront les Soufcriptions, & ils en demeureront refponfables envers les Soufcrivans.

A R T I C L E XVIII.

Ordonne qu'avant de pro-
pofer aucun Ouvrage par Soufcription, le Libraire ou Imprimeur qui fe charge de l'entreprife,
fera tenu de prefenter à l'examen
au moins la moitié de l'Ouvrage,
& d'obtenir la permiffion d'imprimer par Lettres fcellées du
grand Sceau.

A R T I C L E XIX.

Veut que le Libraire ou Imprimeur ne puiffe propofer aucune Soufcription qu'après en
avoir prealablement l'agrement
de Monfieur le Garde des Sceaux,
& qu'il diftribuë avec le Prof-

pectus qu'il publiera au moins
une feüille d'impreſſion de l'Ouvrage qu'il propoſera par Souſcription, laquelle feüille ſera imprimée des mêmes forme, Caracteres & papiers qu'il s'engage-
ra d'employer dans l'execution
de l'Ouvrage, qu'il ſera tenu de
livrer dans le temps porté par
la Souſcription.

TITRE IV.

DES APPRENTIS
Imprimeurs & Libraires.

ARTICLE XX.

AUcun ne pourra être admis à
faire apprentiſſage pour parvenir à la Maîtriſe de Librairie &
d'Imprimerie, s'il n'eſt congru
en Langue Latine, & s'il ne ſçait
lire le Grec, dont il ſera tenu
de rapporter le Certificat du Rec-

teur de l'Univerſité, à qui l'Aſpirant ſera preſenté par le Syndic
ou l'un de ſes Adjoints ; & de
ladite preſentation mention ſera
faite dant ledit Certificat.

A R T I C L E X X I.

Le temps de l'apprentiſſage
ſera au moins de quatre années
entieres & conſecutives ; & le
Brevet en ſera paſſé pardevant
Notaires en la Chambre de la
Communauté en preſence & du
conſentement des Syndic & Adjoints, après qu'il leur ſera apparu du Certificat du Recteur de
l'Univerſité, comme ledit Apprenti eſt congru en Langue Latine, & ſçait lire le Grec ; & qu'il
a été preſenté au Recteur par
l'un deſdits Syndic & Adjoints ;
& ſera tenu ledit Apprenti de remettre ès mains du Syndic pour
les affaires de la Communauté la
ſomme de trente livres lors de la
paſſation du Brevet, qui ſera tranſ-
crit

crit fur le Livre de la Communauté , à la diligence du Maître
auquel l'Apprenti fera obligé ; &
ce dans un mois pour tout dé-
lai , à peine de nullité du Brevet,
& des dommages & interêts de
l'Apprenti contre le Maître.

A r t i c l e XXII.

Il ne fera permis aux Imprimeurs
& Libraires de faire pour quelque caufe que ce foit, aucune
remife ni compofition du temps
de quatre années, porté par le
Brevet d'apprentiffage, à peine
de mille livres d'amende contre
le Maître ; & contre l'Apprenti,
de fervir le double du temps qui
lui aura été remis.

A r t i c l e XXIII.

Les Libraires & les Imprimeurs
n'auront qu'un Apprenti à la fois,
& n'en pourront prendre un nouveau , fi le temps du premier n'eft

expiré, ou du moins avant la
derniere année de l'apprentiffage,
commencée. Ceux qui n'exerceront point actuellement l'Imprimerie ou la Librairie, ne pourront avoir aucun Apprenti.

Article XXIV.

Défend Sa Majefté aufdits
Imprimeurs & Libraires de prendre & garder aucuns Apprentis
qui foient mariez, à peine de
nullité des Brevets.

Article XXV.

L'Apprenti s'abfentant de la
maifon de fon Maître, fera tenu
de faire le double du temps de
fon abfence, pour la premiere
fois ; & pour la feconde, il fera
déchû de fon apprentiffage, fans
qu'il puiffe y étre reçû à l'avenir ; A cet effet les Maîtres feront
tenus d'avertir les Syndic & Adjoints du jour de l'abfence de

leurs Apprentis, pour en être fait mention sur le Livre de la Communauté & sur le Brevet d'apprentiſſage, à peine de deux cent livres au profit de la Communauté.

A r t i c l e XXVI.

L'Apprenti après le temps de ſon Brevet d'apprentiſſage achevé, retirera Quittance de ſon Maître, au bas dudit Brevet, pour preuve qu'il aura ſervi le temps y contenu ; & ladite Quittance ne pourra être donnée qu'en la Chambre de la Communauté, & en préſence des Syndic & Adjoints, qui en feront mention ſur le Livre de la Communauté & ſur ledit Brevet.

A r t i c l e XXVII.

Les Fils des Libraires & des Imprimeurs ne ſeront tenus de faire aucun apprentiſſage ; mais

ils ne pourront être reçûs Maîtres , s'ils n'ont les qualitez requiſes en ceux qui doivent être
admis à la Maîtriſe.

TITRE V.

DES COMPAGNONS
*Imprimeurs, & des Compagnons
Libraires.*

ARTICLE XXVIII.

LEs Apprentis ſeront tenus
après leur apprentiſſage achevé
de ſervir les Maîtres en qualité
de Compagnons durant trois années.

ARTICLE XXIX.

Il ſera permis aux Imprimeurs
& à leurs Veuves de recevoir en
leurs Imprimeries teis Compagnons & Ouvriers que bon leur

semblera, quand même ils n'auroient pas de Brevet d'apprentissage, seront néanmoins les Compagnons qui auront fait apprentissage à Paris, préferez aux Compagnons Etrangers ; comme aussi
aux Ouvriers de Paris, lorsqu'ils
voudront se contenter du même
salaire, & qu'ils auront d'ailleurs
la docilité, l'experience & la capacité requise.

ARTICLE XXX.

Pourront aussi lesdits Imprimeurs prendre tels Sujets qu'ils
voudront pour devenir Ouvriers
& travailler dans les Imprimeries, pourvû qu'ils sçachent lire
& écrire, en faisant par lesdits
Imprimeurs, aux Syndics & Adjoints, leur declaration qui sera
inscrite sur un Registre particulier, & servira ausdits Ouvriers
pour leur donner préference au
commencement de chaque Labeur,
sur ceux des Provinces du Royau-

me ou Pays Etrangers, aux conditions portées dans l'Article précedent ; & ils ne pourront joüir de ladite préference, s'ils n'ont servi au moins pendant deux années leurs Maîtres, & n'en rapportent un Certificat qui sera regiftré par le Syndic, en payant par lefdits Ouvriers la fomme de dix livres pour les affaires de la Communauté ; fans néanmoins que par lefdites declarations & infcriptions, ils puiffent fous aucun pretexte acquerir le droit de parvenir à la Maîtrife d'Imprimeur ou de Libraire, s'ils ne rapportent un Brevet d'apprentiffage, fuivant qu'il eft porté par les précedens Articles. Défend Sa Majefté aux Compagnons de Paris & autres d'empécher, troubler, ni molefter, lefdits Ouvriers, fous quelque pretexte que ce foit, à peine de punition exemplaire.

A R T I C L E XXXI.

Les Imprimeurs & les Veuves d'Imprimeurs ne pourront faire travailler chez eux aucun Compagnon ou Ouvrier qui ait travaillé dans une autre Imprimerie de Paris, qu'ils n'ayent sçû du dernier Maître ou Veuve de Maître, d'où ledit Compagnon ou Ouvrier sera sorti ; si ledit Compagnon ou Ouvrier est libre & en état de travailler où bon lui semblera, à peine contre les Contrevenans pour la premiere fois, de trois cent livres d'amende, & de trois livres par jour au profit du Maître ou Maîtresse que le Compagnon ou Ouvrier aura quitté sans congé, à compter du jour qu'ils auront commencé de s'en servir ; & en cas de recidive, d'interdiction pendant un an ; & pour la troisiéme fois, d'interdiction pour toûjors ; lesquelles peines ne pourront être réputées commina-

toires ni moderées ſous quelque
pretexte que ce ſoit. Et pour prévenir de pareils abus, les Maîtres
Imprimeurs & les Veuves, ſeront
tenus de declarer de Semaine en
Semaine à la Chambre Syndicale,
les Compagnons ou Ouvriers qui
manqueront dans leurs Imprimeries, ou ceux qu'ils y auront agréez
pendant le cours de la Semaine,
afin qu'aucun Maître ou Veuve
ne puiſſe pretexter qu'ils igno-
rent d'où peuvent ſortir leſdits
Compagnons ou Ouvriers qui ſe
preſenteront dans leurs Imprimeries pour y travailler, le tout
ſous les peines que deſſus : Et
ſera le preſent Article exécuté pareillement à l'égard de ceux qui
tiennent des Fonderies de Caracteres d'Imprimerie, & de leurs
Compagnons & Ouvriers.

A R T I C L E

A r t i c l e XXXII.

Les Imprimeurs feront tenus
de faire continuer les Ouvrages
commencez, fans les pouvoir in-
terrompre, fi ce n'eft pour caufe
raifonnable, auquel cas ils feront tenus de donner aux Compagnons ou Ouvriers quelqu'autre
Ouvrage de pareille qualité, en at-
tendant que le premier puiffe être
repris, & continué; & fi la difconti-
nuation dure plus d'un mois, il fera
permis aufdits Compagnons ou
Ouvriers, huit jours après en
avoir averti le Maître, de fe retirer, & d'entreprendre d'autres
Ouvrages chez un autre Maître,
fans qu'ils puiffent être contraints
de retourner chez le premier,
qui fera tenu audit cas de leur
donner un Congé par écrit.

A r t i c l e XXXIII.

Les Imprimeurs pourront con-

E

gedier leurs Compagnons & Ouvriers, en les avertiſſant huit jours
auparavant, meſme avant ledit
terme pour des cauſes juſtes &
raiſonnables ; hors que leſdits
Compagnons & Ouvriers ne travaillent en Conſcience chez leſdits Imprimeurs, & à l'égard deſquels il ſera cy-après pourvû.

Article XXXIV.

Ne pourront les Compagnons
& Ouvriers, à peine de cinquante livres d'amende, laiſſer, ſans
le conſentement du Maître qui
les aura employé, les Ouvrages
par eux commencez, ou ſur leſquels ils auront travaillé, ſoit
que leſdits Ouvrages ayent un ou
pluſieurs volumes, lorſque l'impreſſion en eſt faite ſans une inter-
ruption qui dure plus d'un mois;
& ſeront leſdits Compagnons &
Ouvriers tenus, lorſqu'ils finiront
leurs Labeurs, d'avertir leurs Maîtres huit jours auparavant que de

les quitter, à peine de vingt livres
au profit du Maître.

Aʀᴛɪᴄʟᴇ XXXV.

Sera loisible au Maître qui
voudra accelerer l'Ouvrage commencé, d'en donner partie à d'autres Ouvriers & Compagnons,
sans qu'il soit permis à ceux qui
l'auront commencé de le quitter,
sous quelque pretexte que ce soit,
à peine de cinquante livres d'a-
mende, & de tous dépens dommages & interests envers le Maître.

Aʀᴛɪᴄʟᴇ XXXVI.

Si l'un desdits Ouvriers & Compagnons laisse son Labeur, pour
quelque occasion ou pretexte que
ce puisse estre, le Maître ne
pouvant le faire revenir, aura
la liberté de substituer en son
lieu & place tel Ouvrier & Compagnon que bon lui semblera,

ſans que ceux qui travaillent ſur
le meſme Ouvrage puiſſent le diſ-
continuer , ſous pareilles peines
que deſſus.

ARTICLE XXXVII.

Les Directeurs des Imprimeries , Compagnons & Ouvriers
qui travailleront chez les Imprimeurs à la ſemaine ou à la jour-
née , & qu'on appelle vulgaire-
ment travaillant en Conſcience,
ne pourront quitter leurs Maîtres,
qu'en les avertiſſant deux mois
auparavant ; & s'ils avoient commencé quelque Labeur , ils ſeront tenus de le finir, ſous les
peines portées par l'Art. XXXIV.
& les Maîtres ne pourront con-
gedier leſdits Ouvriers qu'en les
avertiſſant un mois auparavant,
ſi ce n'eſt pour cauſe juſte &
raiſonnable.

A r t i c l e XXXVIII.

Enjoint Sa Majeſté à tous Compagnons & Ouvriers, travaillant chez les Imprimeurs, de garder & conſerver les Copies tant manuſcrites qu'imprimées ſur leſquelles ils auront travaillé, pour eſtre par eux renduës à leurs Maîtres, & remiſes par leſdits Maîtres aux Libraires, ou à ceux qui auront fait faire les impreſſions, ſaus que pour raiſon de ce leſdits Compagnons & Ouvriers puiſſent prétendre aucun payement ou récompenſe.

A r t i c l e XXXIX.

Les Imprimeurs & leurs Compagnons & Ouvriers ne pourront retenir plus de quatre Copies ou Exemplaires de tous les Livres qu'ils imprimeront ; Sçavoir, une Copie pour le Libraire qui fera imprimer le Livre, une pour le Maître Imprimeur, une pour le Correcteur, qui lui servira pour faire les Tables, & la quatriéme & derniere pour les Compagnons & Ouvriers, qui seront tenus néanmoins de presenter ladite Copie à celui qui aura fait faire l'impression, & qui pourra, si bon lui semble, la retenir en payant; ensorte que les Compagnons & Ouvriers n'ayent la faculté d'en disposer qu'à son refus.

Article XL.

Il est expressément défendu à tous Imprimeurs de faire travailler dans leurs Imprimeries, les Dimanches & jours de Festes, & aux Compagnons & Ouvriers d'y travailler à la composition ou impression d'aucuns Ouvrages, à peine contre les Maitres de cent livres d'amende, & de dix livres contre chacun des Compagnons & Ouvriers; pourront néanmoins,

en cas de neceſſité ſeulement,
préparer & tremper leurs papiers,
hors les heures du Service divin.

Article XLI.

Les Compagnons, Ouvriers &
Apprentis ne feront aucun Feſtin
ou Banquet, ſoit pour entrée,
iſſuë d'apprentiſſage ou autrement
pour quelque cauſe & raiſon que
ce ſoit.

Article XLII.

Défenſes ſont faites à tous
Compagnons, Ouvriers & Apprentis de faire aucune Communauté, Confrairie, Aſſemblée,
Caballe ni Bourſe-commune; d'a-
voir aucun Livre ni Regiſtre de
Confrairie; d'élire aucun Mar-
guilliers, Syndic & Prevoſt, Chef
Prépoſé ni autres Officiers; de
faire aucune collecte ni levée de
deniers, & d'agir en nom col-
lectif pour quelque cauſe & occa-

sion que ce soit, à peine de prison, de punition corporelle & de trois cent livres d'amende.

✺✺✺✺✺✺✺✺✺✺✺✺

TITRE VI.

DE LA RECEPTION
des Libraires & des Imprimeurs.

ARTICL XLIII.

AUcun ne pourra tenir Imprimerie ou Boutique de Librairie à Paris, ni mesme prendre la qualité de Libraire ou d'Imprimeur, en consequence d'aucunes Lettres ou d'aucun Privilege tel qu'il puisse estre, s'il n'a été reçû Maître en ladite Communauté, à laquelle Maîtrise il ne pourra estre admis qu'après avoir fait apprentissage pendant le temps & espace de quatre années entieres & consecutives, & servi les Maîtres en qualité

qualité de Compagnon au moins
durant trois années après le temps
de son apprentissage achevé, comme il est dit cy-dessus par les
Articles XX. & XXVIII. qu'il
n'ait au moins vingt ans accom-
plis ; qu'il ne soit congru en
Langue Latine, & qu'il ne sçache
lire le Grec, dont il sera tenu
de rapporter un Certificat du Recteur de l'Université, en la maniere prescrite par le mesme Article X X. ou de justifier comme
il l'aura produit lors de son Brevet d'apprentissage , & ce avant
que de se présenter à la Maîtrise. N'entend Sa Majesté com-
prendre dans le present Article
les Fils & Gendres des Maistres,
ou ceux qui épouseront une Veuve de Maître, lesquels seront
reçûs suivant l'Article X L V I.
cy-après.

A r t i c l e X L I V.

Et comme il est important que

ceux qui exercent lesdites Professions d'Imprimeur & de Libraire soient pourvûs d'une capacité & d'une expérience suffisante; veut Sa Majesté que les Fils & Gendres de Maîtres, ainsi que les Apprentis qui auront fait leur apprentissage & servi les Maîtres avant que d'estre admis à la Maîtrise de Librairie ou d'Imprimerie, outre le Certificat du Recteur de l'Université qu'ils doivent rapporter suivant l'Article XLIII. soient encore tenus de subir; Sçavoir, ceux qui aspireront à estre reçûs Libraire, un Examen sur le fait de la Librairie; & ceux qui aspireront à estre reçûs Imprimeurs, après ledit Examen sur le fait de la Librairie, une Epreuve de leur capacité au fait de l'Imprimerie & choses en dépendantes, ce qu'ils seront tenus de faire pardevant les Syndic & Adjoints en Charge accompagnez de quatre anciens Officiers de leur Communauté.

dont deux exerçant l'Imprimerie,
& quatre autres Libraires, qui
n'auront pas paſſé les Charges,
mais qui auront au moins dix
années de Reception, dont deux
également exerçant l'Imprimerie,
leſquels ſuſdits huit Examinateurs
feront tirez au ſort par l'Aſpirant,
dans le nombre, tant deſdits anciens Officiers de la Communauté que des Libraires & Imprimeurs, ayant dix années au
moins de reception. Ordonne auſdits Examinateurs ainſi nommez
de ſe trouver avec les Syndic &
Adjoints à la Chambre Syndicale,
pour proceder tous enſemble par
voye de ſcrutin auſdits Examen
& Epreuve, lequel Examen du-
rera au moins deux heures; &
ne pourra l'Aſpirant eſtre reçû
ſ'il n'a les deux tiers des Voix
en ſa faveur : Il ſera dreſſé du
tout à l'inſtant un Procés - verbal par les Syndic & Adjoints.
Et pour droit de préſence chacun
des Syndics & Adjoints & autres

Examinateurs aura six jettons
valant six livres Tournois , qui
leur seront distribuez par l'Aspirant.

ARTICLE XLV.

Les Aspirans à la Librairie qui
auront les qualitez requises seront reçûs par les Syndic & Adjoints en Charge , après qu'il leur
sera apparu de leur capacité par
l'Examen cy - dessus ordonné ,
de leurs bonnes vie & mœurs &
profession de la Religion Ca-
tholique par la certification de
quatre Maîtres de la Communauté , dont deux exerçans l'Imprimerie ; & à l'égard des Aspirans
à l'Imprimerie , le Procès-verbal
qui aura été dressé par les Syndic & Adjoints de leur Examen
& Epreuve ; ensemble l'Informa-
tion de vie & mœurs & le Certificat de Catholicité en la forme
cy-dessus, seront remis par les
Syndic & Adjoints entre les mains

du Lieutenant General de Police, pour être par lui envoyé avec
son Avis à Monsieur le Garde
des Sceaux, & être en confequence expedié un Arrest du Conseil, sur lequel & non autrement
il sera procedé à la reception de
l'Aspirant, laquelle ensemble celle
des Aspirans à la Librairie seront
faites dans la Chambre de ladite
Communauté, en presence des
anciens Syndic & Adjoints, à
condition par l'Aspirant à la Maîtrise de Librairie seulement, de
mettre ès mains du Syndic la
somme de mille livres, & par
l'Aspirant à la Librairie & Imprimerie la somme de quinze cent
livres, lesquelles sommes le Syndic employera dans son compte
pour être employées aux affaires
de ladite Communauté. Et si celui qui aura été reçû Libraire
vient dans la suite à être reçu à
la Maîtrise de l'Imprimerie, il
sera tenu outre la somme de mille
livres cy-dessus, de payer celle

de cinq cent livres ; & feront tenus les uns & les autres de donner lors de leur reception pour
droits de préfence, au Syndic douze
jettons d'argent, fix à chacun des
Adjoints & deux à chaque Ancien.

Article LXVI.

Les Fils de Maîtres qui auront les qualitez requifes, feront reçûs Libraires à leurs premiere requifition, en remettant
au Syndic pour les affaires de la
Communauté ; Sçavoir pour la reception à la Librairie la fomme
de fix cent livres ; & s'ils font
admis par la fuite à la Maîtrife
d'Imprimerie celle de trois cent
livres , outre celle defdits fix
cent livres par eux payée lorfqu'ils auront été reçûs Libraires.
Et s'ils font reçûs en même temps
Imprimeurs & Libraires, ils feront tenus de remettre la fomme
de neuf cent livres. Les Com-

pagnons qui aprés avoir fini leur
apprentiſſage épouſeront la Fille
ou la Veuve d'un Maiſtre ſeront
auſſi reçûs à leur premiere demande, pourvû qu'ils ayent les
qualitez requiſes, en remettant
au Syndic ; Sçavoir pour être reçûs Libraire, la ſomme de ſix cent
livres ; & pour être admis en-
ſuite à la Maiſtriſe d'Imprimerie,
celle de trois cent livres, outre
celles deſdits ſix cent livres par
eux payez lors de leur reception
de Libraire ; & s'ils ſont recûs
conjointement Imprimeur & Libraire, ils payeront la ſomme
de neuf cent livres ; le tout à
la charge par leſdits Fils & Gendres de Maiſtres, & ceux qui
épouſeront des Filles ou Veuves
de ſubir l'Examen, & d'obſerver
les formalitez preſcrites par les
Articles precedens.

A r t i c l e XLVII.

Les nouveaux Maiſtres preſte-

ront Serment pardevant le Lieutenant General de Police, fans
aucuns frais, en préfence des
Syndic & Adjoints, qui en feront mention fur les Lettres de
Maîtrife.

Article XLVIII.

Ceux qui auront été recûs Maîtres à Paris, pourront aller demeurer & exercer la Librairie en
toutes les Villes & autres lieux du
Royaume, fans être pour ce tenus de faire apprentiffage & nouveau ferment efdits lieux ; mais
feulement de faire apparoir de
leurs Lettres de Maîtrife & reception, & de faire enregiftrer
lefdites Lettres au Greffe de la
Juftice ordinaire du lieu où ils
iront demeurer.

Article XLIX.

Sa Majefté étant informée que
l'Art de l'Imprimerie, qui merite
une

une attention principale par rapport à l'ordre Public, à l'inte-
reſt de la Religion & au bien
de ſon ſervice, eſt tombé depuis
pluſieurs années dans un déperiſſement conſiderable, & même
dans une licence très-préjudicia-
ble par la foibleſſe ou l'avidité
du gain de quelques-uns de ceux
qui exercent cette Profeſſion,
& l'inexecution des Reglemens
cy-devant faits ſur cette matiere ;
Elle veut & Ordonne qu'à l'avenir leſdits Reglemens & notam-
ment celui du mois d'Aouſt 1686.
ſoient fidellement executez en
tous les Articles auſquels il n'aura été dérogé par le preſent Reglement.

Article L.

Et attendu que la preference
accordée par ledit Reglement
de 1686. aux Fils & aux Gendres
des Imprimeurs pour être reçûs
en leur place, n'a ſervi qu'à y

admettre fouvent des fujets foibles ou incapables, & en exclure ceux qui par leur capacité & l'état de leur fortune, auroient mieux merité cette preference ; Ordonne Sa Majefté qu'à l'avenir les Fils ou Gendres des Imprimeurs ne pourront prétendre de droit, aucune preference avec d'autres Sujets capables, fi ce n'eft dans le cas d'un merite égal & de la vacance de la Place de leur Pere ou Beaupere, aufquels cas la preuve, du merite égal, fera établie par un Procès-verbal dreffé en prefence dudit Sieur Lieutenant General de Police, par les Syndic & Adjoints & les Examinateurs.

Article LI.

Veut Sa Majefté que l'afpirant à l'Imprimerie, qui fe trouvera par l'examen avoir toutes les qualitez ci-deffus requifes, foit tenu d'avoir une Imprimerie compofée de quatre Preffes au

moins , & des neuf sortes de
Caracteres Romains avec leurs
Italiques, depuis le gros Canon
jusqu'au petit Texte inclusive-
ment ; desquels Caracteres les
Fontes seront neuves & de la
quantité qui suit : Sçavoir le Gros
Romain, Saint Augustin & Cicero de quantité suffisante pour
faire au moins trois feüilles
chacun, le Petit Romain deux
Feüilles & les autres à proportion de l'usage dont elles sont ,
desquelles Presses & Fontes les
Syndic & Adjoints dresseront leur
Procès-verbal, qu'ils remettront
entre les mains du Lieutenant General de Police avec celuy. de l'E-
xamen & Epreuve, pour sur iceux
être procedé pardevant lui à la
Prestation de Serment , & jusqu'à ce , les Visses des Presses
seront déposées en la Chambre
Syndicale de la Communauté.

A R T I C L E LII.

Défend à tous Imprimeurs

sous peine de Confiscation au profit de ladite Communauté , &
de décheance de la Maîtrise , de
prêter aux Aspirans à l'exercice
de l'Imprimerie, aucunes Presses,
Casses ni Fontes. Veut à cet effet
que tous Imprimeurs soient tenus de faire graver leurs Noms
sur lesdites Presses & Casses , &
enjoint aux Syndic & Adjoints
d'y tenir la main. Défend pareillement aux Aspirans , à peine
d'être déchûs de toute esperance
de parvenir à la Maîtrise , d'em-
prunter aucune Presses , Casses ni
Fontes pour former leur établis-
sement.

Article LIII.

Veut Sa Majesté que les Imprimeurs déja reçûs , dont les
Imprimeries ne sont pas complettes ayent à conformer leur
Imprimerie à la Police établie
dans l'Article LI. cy-dessus. En
consequence enjoint aux Syndic

& Adjoints de faire une Visite
generale de toutes les Imprimeries, trois mois au plûtard après
la Publication du present Reglement, & d'en dresser un Procès-
verbal qui contienne exactement
tout ce qui se trouvera y man-
quer des Presses, Fontes, Caracteres, & Ustanciles necessai-
res & prescrits, lequel Procès-
verbal ils remettront au Lieutenant General de Police, & seront tenus les Proprietaires des
Imprimeries qui se trouveront
défectueuses, de se défaire de
leurs Imprimeries, si dans le
cours de deux années ils ne se
sont conformez à ladite Police.

Article LIV.

Et afin que les Imprimeries qui
se trouveront complettes & en
bon état, lors de ladite Visite
generale, & celles qui se forme-
ront dans la suite se maintien-
nent toûjours conformes au pre-

sent Reglement : Les Syndic &
Adjoints seront tenus de faire
tous les trois mois la Visite des
des Imprimeries en la maniere
prescrite cy-après par les Articles
LXXXV. & LXXXVII.

TITRE VII.

DES VEUVES DES Libraires & des Veuves des Imprimeurs.

ARTICLE LV.

LEs Veuves des Imprimeurs &
celles des Libraires, pourront
continuer le travail dans leurs
Imprimeries, & tenir leurs Boutiques de Librairie, avoir des
Compagnons & faire achever aux
Apprentis de leurs Maris dé-
funts, le temps de l'Apprentissage, sans pouvoir prendre de nouveaux Apprentis : Mais ne pourront lesdites Veuves continuer

l'exercice dudit Art d'Imprimerie, qu'à la charge & condition
d'avoir le nombre de Presses &
Caractères, fixé par le present Reglement, à peine de décheance
de leur Droit, & au cas qu'elles
se remarient, elles ne pourront
tenir Boutique de Librairie ni
Imprimerie, si leurs seconds Maris ayant les qualitez requises;
n'ont été reçûs Maîtres dans
ladite Communauté.

TITRE VIII.

DES CORRECTEURS.

ARTICLE LVI.

LES Imprimeurs qui ne pourront eux-mêmes vacquer à la
Correction de leurs Ouvrages,
se serviront de Correcteurs capables, lesquels seront tenus de
bien & soigneusement corriger

les Livres, & de rendre aux heures accoûtumées les Epreuves
corrigées ; enforte que fi par
leur faute, il y avoit neceffité de
réimprimer les Feüilles qui leur
auront été données pour corriger , elles feront réimprimées
aux dépens defdits Correcteurs.

****

TITRE IX.

DES FONDEURS
de Caracteres d'Imprimerie.

ARTICLE LVII.

TOutes Perfonnes pourront
exercer l'Art & Profeffion de
Fondeur de Caracteres & Lettres
d'Imprimerie; & ce faifant, feront
reputez du Corps de la Communauté des Libraires & Imprimeurs,
pour joüir des mêmes Immunitez, Franchifes, Exemptions &
Privileges qui ont été attribuez
aufdits

aufdits Libraires & Imprimeurs par les trois premiers Articles du prefent Reglement

Article LVIII.

Seront lefdits Fondeurs tenûs avant que de faire ladite Profeffion, de fe prefenter aux Syndic & Adjoints, & de fe faire infcrire fur le Regiftre de la Communauté en ladite qualité de Fondeurs de Caracteres ; ce qui fera fait fans aucuns frais. Ne pourra néanmoins ladite Infcription, donner aufdits Fondeurs aucuns droits d'exercer la Librairie ou l'Imprimerie, s'ils n'ont été reçûs Libraires ou Imprimeurs dans ladite Communauté ; feront pareillement tenus lefdits Fondeurs de faire leur refidence & de travailler dans le quartier de l'Univerfité defigné dans l'Article XII.

H

ARTICLE LIX.

Veut Sa Majesté que six mois après la Publication du present Reglement, tous les Caracteres, Vignettes, Reglets & autres ornemens de Fonte servant à l'Imprimerie, depuis le Gros Canon jusqu'à la Nompareille, tant gros œil qu'œil ordinaire, soient fondus d'une même hauteur en Papier, fixée à dix Lignes & demie Geometriques, & que tous les Gros & Petits Canons, tous les Gros & Petits Parangons, les Gros Romains, les Saint Augustin, les Cicero, les petits Romains, les petits Textes & les Nompareilles, tant Romains qu'Italiques de toutes les Fonderies, se raportent pour la susdite hauteur de dix Lignes & demie en Papier, & chacun en particulier pour le Corps qui luy est propre, en sorte que le Petit Canon porte deux Saint Augustin, le Gros Paran-

gon un Cicero & un petit Romain , le Petit Parangon deux
Petits Romains , le Gros Romain , un Petit Romain & un
Petit Texte , le Saint Augu-
ſtin un Petit Texte & une Nompareille , & le Cicero deux Nompareilles ; Tous leſquels Caracteres feront à l'avenir conformes
pour leſdites hauteur & Corps à
la Lettre (M) de chaque Corps
de Fonte, de laquelle Lettre (M)
ſera dépoſé nombre ſuffiſant en la
Chambre Syndicale, dont les Syndic & Adjoints en délivreront
aux Fondeurs trente de chaque
Corps pour ſervir de modele,
& les Fondeurs raporteront en
ladite Chambre après la juſtifi-
cation de leurs Moules , le même
nombre de ladite Lettre (M) du
bas de Ca de leurs Frappes,
afin que la juſteſſe de chaque
Corps ſoit plus parfaitement ve-
rifiée, à peine contre leſdits Fondeurs de cinquante livres d'A-
mende , & de confiſcation des

Fontes , Vignettes & autres Ornemens qui ne se trouveront pas
conformes.

ARTICLE LX.

Les Caracteres d'Imprimerie
& tous les Ornemens de Fonte
en dépendans, seront faits de bonnes Matieres fortes & cassantes.
Les Fondeurs à qui les Imprimeurs fourniront de vieilles Matieres, seront tenus de les ren-
forcer, ensorte qu'elles soient de
même, fortes & cassantes. Toutes
les Lettres en particulier seront
fonduës droites & d'équerre en
tous sens, d'une égale hauteur,
bien en ligne, sans penchement
ni renversement , ni fortes au
pied, ni fortes en tête, coupées
de maniere que les deux extré-
mitez du pied des Lettres con-
tiennent ensemble la moitié du
Corps , bien ébarbées , douces
au froter & au ratisser , d'un
Cran apparent, bien marqué &

à l'ordinaire, qu'on appelle Cran
deſſous, elles ſeront auſſi d'une
égale diſtance pour l'épaiſſeur
des Corps ordinaires, enſorte
que trois i. ou trois l. ou une
h. ou une n. jointe à un j. ou
à une l. faſſe l'épaiſſeur d'une m.
& les autres Lettres à proportion;
le tout ſous les peines portées
par l'Aricle précedent.

ARTICLE LXI.

N'entend Sa Majeſté empê-
cher les Fondeurs de mettre leurs
frappes ſur d'autres Corps qu'on
appelle Philoſophie, Gaillarde,
Mignonne & autres interrompus
& plus approchez en Corps &
en épaiſſeur que les Corps ordinaires, en obſervant neanmoins
toûjours la même hauteur en papier, fixée à dix Lignes & demie,
excepté ſeulement les Fontes
pour imprimer en rouge, qui
pourront être d'un tiers de Ligne
ou environ plus haute que les

autres , & pour diſtinguer plus
particulierement leſdites Fontes
hautes & de Corps interompus
des Corps ordinaires , leſdits
Fondeurs ſeront tenus d'y mettre le Cran deſſus à peine d'a-
mende Arbitraire.

Article LXII.

Attendu le petit nombre deſdits Fondeurs qui ſe trouvent pre-
ſentement dans la Ville de Paris:
Veut Sa Majeſté, qu'ils ſoient tenus de travailler pour les Imprimeurs de ladite Ville par preference à ceux des Provinces , &
ne pourront leſdits Fondeurs
fournir ni envoyer aucunes Fontes ni aucuns Caracteres hors
ladite Ville de Paris , qu'après
les avoir declaré avant l'envoy
ſur le Regiſtre de la Communauté, qui fera mention de la qualité,
poids & quantité des Fontes &
Caracteres , comme auſſi des
noms & Lieux de la reſidence

des Imprimeurs pour qui elles seront deſtinées ; le tout à peine de confiſcation des Fontes & Caracteres.

A R T I C L E LXIII.

Permet neanmoins auſdits Fondeurs pendant deux années, à compter du jour des Preſentes, de Fondre tous les Aſſortiſſemens dont les Imptimeurs auront beſoin pour leſdites Fontes qui leur ont été fournies cy-devant par leſdits Fondeurs, leſquels après ledit temps paſſé n'y pourront être obligez ſous quelque pretexte que ce puiſſe être, à peine de cinquante livres d'Amende, tant contre leſdits Fondeurs, que contre les Imprimeurs qui en auroient fait faire après l'expiration deſdites deux années.

A R T I C L E LXIV.

Et afin que toutes les Fontes ſe

trouvent de la hauteur prescrite par l'Aticle LIX. Ordonne Sa Majesté que celles qui viendront des Pays Etrangers & des Provinces , soient portées directement par les Voituriers à la Doüanne & ensuite à la Chambre Syndicale , pour y être visitées par les Syndic & Adjoints , & être verifié si elles sont fonduës sur ladite hauteur ; & au cas qu'elles ne se trouvent pas conformes , elles seront pour la premiere fois renvoyées sur les Lieux , à la diligence des Syndic & Adjoints, aux frais de qui il appartiendra; & en cas de récidive , elles seront refonduës & la matiere confisquée au profit de la Communauté.

Article LXV,

Comme il est important au bien & à la tranquillité de l'Etat, qu'aucune Personne autre que ceux ayant droit de tenir Imprimerie , n'ait en sa possession des Caracteres

Caracteres qui puissent y servir ;
Ordonne Sa Majesté que les Fondeurs ne pourront à peine de cinq
cent livres d'Amende , & de punition exemplaire , délivrer leurs
Fontes qu'aux Imprimeurs ou à
leurs Veuves en exercice. Et à
l'égard de celles qui seront en-
voyées dans les Provinces & dans
les Pays Etrangers , elles seront
declarées par les Fondeurs ou
Imprimeurs qui les envoyeront,
sur le Livre de la Communauté,&
conduites au lieu de leur destina-
tion sous acquit à caution , qui
sera raporté aux Syndic & Adjoints, après qu'il aura été de-
chargé sur les Lieux , à peine de
pareille Amende de cinq cent livres contre lesdits Fondeurs ou
Imprimeurs.

Article LXVI.

Pourront ceux qui exerceront
ledit Art, prendre & avoir telles
Personnes qu'ils voudront dans

leurs Fonderies , pour être éle-
vez & devenir Ouvriers, à condition d'en faire aux Syndic &
Adjoints leur declaration, qui fera infcrite fans frais fur un Regiftre particulier. Défend aux autres Ouvriers Fondeurs de les empêcher, troubler ni molefter dans
leur travail fous quelque pretexte
que fe foit , à peine de punition
Exemplaire.

Article LXVII.

Seront lefdits Ouvriers Fondeurs tenus d'achever les Fontes
par eux commencées, & fur lef-
quelles ils auront travaillé ; &
lorfqu'il voudront quitter leurs
Maîtres , ils ne le pourront faire
qu'en les avertiffant un Mois
avant que les Fontes par eux
commencées foient achevées.
Veut au furplus que les Articles
cy-devant établis pour la Police
& Difcipline des Compagnons
& Ouvriers Imprimeurs , ayent

lieu à l'égard defdits Ouvriers
Fondeurs & foient par eux ob-
fervez, fous les peines y exprimées.

A R T I C L E LX V I I I.

Ne pourront lefdits Fondeurs,
leurs Veuves & heritiers, vendre, ceder ou tranfporter leurs
Poinçons, Frappes & Matrices
en tout ou en partie, à d'autres
qu'aux Imprimeurs, aux Libraires ou aux Fondeurs, & feront
tenus d'en donner la preference
à ceux de Paris, & d'en faire leurs
declarations fur le Regiftre de la
Communauté, à peine de confifcation & d'Amende ; leur défend
Sa Majefté de les vendre pour
être tranfportez dans les Pays
Etrangers fous quelque pretexte
que ce foit, à peine d'Amende
Arbitraire, de confifcation, & de
plus grande peine s'il y échet.

TITRE X.

DES COLPORTEURS.

ARTICLE LXIX.

AUcun ne pourra faire le Métier de Colporteur, s'il ne sçait lire & écrire, & qu'après avoir été preſenté par les Syndic & Adjoints des Libraires & Imprimeurs au Lieutenant General de Police , & par lui reçû ſur les Concluſions du Procureur de Sa Majeſté , au Châtelet, ce qui ſera fait ſans frais.

ARTICLE LXX.

Les Maîtres Imprimeurs , Libraires, Fondeurs de Caracteres ou Relieurs, leurs Fils, Compagnons & Apprentis qui, par pauvreté , infirmité d'âge ou de maladie ne pourront exercer leurs Professions , feront preferez à tous autres pour eftre Colporteurs. Tous les Colporteurs feront tenus trois jours après qu'ils auront été reçûs , de faire enregiftrer leurs Noms & leurs demeures dans le Livre de la Communauté , avec foumiffion d'y venir declarer les Maifons où ils iront loger , dans le cas de changement de domicile , & ils feront pareille declaration · aux Commiflaires des quartiers où ils demeureront , à peine d'interdiction & de cinquante livres d'Amende.

Article LXXI.

Le Nombre des Colporteurs demeurera réduit & fixé à Cent-vingt , dont les huit premiers plus anciens reçûs auront leurs départemens dans les Cours & Salles du Palais , où les autres ne pourront aller vendre que par succeffion & en la Place de ceux qui feront decedez ; mais il leur fera permis de vendre par la Ville & les Fauxbourgs & les Lieux qu'ils trouveront les plus avantageux pour le débit, fans qu'au furplus les uns ni les autres puiffent avoir aucuns Imprimez ailleurs que dans leurs Maifons ; le tout à peine d'interdiction , de cinquante livres d'Amende & de Prifon.

Article LXXII.

Fait Sa Majefté défenfes aufdits Colporteurs de colporter, vendre & débiter aucuns Livres, Factum , Memoires, Feüilles ou Libelles fur quelque matiere , ou de quelque Volume que ce foit, à l'exception des Edits , Declarations, Ordonnances, Arrefts, ou autres Mandemens de Juftice, dont la publication aura efté ordonnée, des Almanachs & des Tarifs , comme auffi de petits

Livres qui ne paſſeront huit feüilles brochées & reliées à la corde,
imprimées avec Privilege ou Permiſſion par les ſeuls Imprimeurs
de Paris, avec le nom du Libraire ; le tout à peine de Priſon, de
confiſcation & de punition corporelle ſelon l'exigence des cas.

A r t i c l e LXXIII.

Ne pourront leſdits Colporteurs tenir Boutique ou Magaſin,
ny faire imprimer aucune choſe
en leur nom ou pour leur compte.

A r t i c l e LXXIV.

Seront tenus iceux Colporteurs
de porter une Marque ou Ecuſſon
de cuivre au-devant de leurs ha-
bits, où ſera écrit Colporteur,
& chacun d'eux aura une Balle,
dans laquelle ils porteront les
Imprimez qu'ils expoſeront en
vente, tels qu'ils ſont cy-deſſus
énoncez, & qu'il leur eſt permis

de colporter, vendre & débiter;
le tout à peine d'amende, de Prifon, de confifcation & de punition exemplaire. Fait défenfes à
toutes perfonnes fans exception,
qui ne feront du nombre des
Cent vingt Colporteurs, de colporter, expofer en vente, crier
par les ruës, & débiter en particulier dans cette Ville & Fauxbourgs de Paris, en aucune maniere ny fous quelque pretexte
que ce foit aucuns Ecrits, Livres
ou Livrets ou autres Imprimez,
à peine de Prifon & de punition
corporelle.

TITRE

TITRE XI.

DES LIBRAIRES Forains.

ARTICLE LXXV.

LEs Libraires Forains, ne pourront tenir Boutique, Magasin ou Imprimerie, ny faire afficher leurs Livres en la Ville de Paris, par le moyen de Facteurs, Commissionnaires ou autres personnes qu'ils pourroient interposer Défend Sa Majesté à tous Libraires, Imprimeurs & Relieurs de cette Ville de Paris, & à tous autres de faire aucune Facture pour les Libraires demeurants dans les autres Villes du Royaume ou Etrangeres; & ne pourront lesdits Marchands Forains séjourner pour la distribution de leurs Livres plus de

K

trois semaines, depuis le jour de l'ouverture & visite de leurs Balles, à peine de confiscation des Marchandises qui se trouveront après ledit temps expiré, & d'amende arbitraire.

Article LXXVI.

Et pour remedier aux abus qui se commettent dans le commerce des Livres, apportez à Paris par les Libraires étrangers ou par ceux des Provinces ; veut Sa Majesté que lesdits Libraires Forains ayent leurs Marchandises de Livres, dans le quartier de l'Université exprimé dans l'Article XII. & non ailleurs, qu'ils declarent aux Syndic & Adjoints les Lieux où ils les tiendront, & qu'ils ne puissent faire échange ou vente de leurs Livres qu'aux Libraires de ladite Ville de Paris & non à autres ; le tout à peine de Confiscation & amende.

A r t i c l e LXXVII.

Aucuns Libraires de ladite Ville de Paris, des Provinces de ce
Royaume, Etrangers ni autres,
ne pourront tenir Boutique ou
Magazin de Livres aux Foires de
S. Germain & de S. Laurent &
autres Foires, ni vendre, expo-
ser ou débiter esdits Lieux aucuns Livres ni Livrets, à peine
de confiscation & de punition
exemplaire, & en cas de contra-
vention, les Syndic & Adjoints
seront tenus de les faire saisir &
enlever.

TITRE XII.

DES SYNDICS ET ADJOINTS,
& des Administrateurs de Confrairie.

ARTICLE LXXVIII.

IL fera procedé fuivant l'ufage, le huit May de chacune année, à l'Election de deux Adjoints, en la place de ceux qui, après deux années de fervice & fonction dans ladite Charge, en devront fortir ; & fera audit jour procedé de deux ans en deux ans, à l'Election d'un Syndic, qui fera pris dans le nombe des anciens Adjoints, à condition neanmoins qu'alternativement, il fera élû pour Syndic un defdits Adjoints Libraire, ou Libraire-Imprimeur, ou que du moins le Syndicat ne pourra être rempli que deux fois de suite, par des Sujets pris dans le nombre desdits anciens Adjoints Libraires, ou desdits anciens Adjoints Libraires-Imprimeurs ; & lorsque le Syndic sera Libraire-Imprimeur, il n'y aura qu'un Adjoint exerçant l'Imprimerie, en Charge, en sorte que des cinq Officiers qui composent le Bureau, il y ait toûjours deux Libraires exerçant l'Imprimerie.

Article LXXIX.

Seront lesdites Elections faites dans la Chambre de la Communauté, en présence du Lieutenant General de Police, & du Procureur de Sa Majesté, au Châtelet, à la pluralité des voix, par les Syndic & Adjoints en Charge; les anciens Syndic & Adjoints & seize mandez qui n'auront point été dans les Charges, dont huit exerçans l'Imprimerie, lesquels mandez seront nommez par les Officiers du Bureau, & par les anciens,

Les Syndic & Adjoints nouvelle-
ment élûs, prêteront le Serment à
l'inftant de bien & fidelement fe
comporter en leurs Charges, dequoy il leur fera donné Acte
fans frais.

Article LXXX.

Lorfqu'il fera neceffaire d'af-
fembler ladite Communauté,
pour déliberer fur les Affaires
extraordinaires, les Syndic &
Adjoints appelleront aufdites Affemblées, les anciens Syndics &
Adjoints, en pareil nombre de
feize mandez, dont huit exerçans l'Imprimerie, qui feront
pareillement nommez par les Officiers en Charge & par les Anciens, & qui reprefenteront toute la Communauté : Lefdits Mandez feront tenus de fe rendre
aufdites Affemblées convoquées
pour lefdites Elections ou affaires extraordinaires, à peine de
douze livres, applicables au profit

les Pauvres de ladite Communauté.

A r t i c l e LXXXI.

Les anciens Syndics & Adjoints
garderont entre-eux , dans les
Assemblées de la Communauté,
leur rang , Séance & voix déli-
berative , suivant l'ordre de leurs
Elections ; bien entendu que les
Syndics auront toûjours la pré-
seance sur les Adjoints , & les
Adjoints sur ceux qui n'ont
point été dans les Charges.

A r t i c l e LXXXII.

Sera la Confrairie administrée
par les deux Adjoints derniers en
Charge , dont le plus ancien de
Reception sera le premier & aura l'Administration des deniers
d'icelle Confrairie. Il leur sera
payé annuellement par chacun
Maître & Veuve, trente sols au

jour de Fête de S. Jean Porte-
Latine ; & vingt-quatre livres
une fois payée, par chacun des
Maîtres qui seront reçûs. Seront
lesdits deux Adjoints tenus de
rendre Compte de leur Administration, pardevant les Syndic &
Adjoints en Charge, & les anciens Syndics & Adjoints, trois
mois après leurdite Administration finie.

Article LXXXIII.

Le Syndic rendra compte de la
Recette & Administration des
deniers & effets de la Communauté, en présence de ladite
Communauté assemblée en la maniere prescrite cy-dessus, Article
LXXX. dans trois Mois au plûtard, du jour qu'il sera sorti de
Charge, à peine d'être exclu,
d'avoir aucun rang ni voix déli-
berative dans les Assemblées de
ladite Communauté ; & ledit
Compte, après avoir été examiné

tant

tant par les Syndic & Adjoints en Charge , que par les anciens Syndics & Adjoints, fera enfuite rapporté dans la Communauté aſſemblée , par un ancien Syndic ou Adjoint , que les Syndic ou Adjoints en Charge nommeront pour cet effet.

A R T I C L E LXXXIV.

Enjoint aux Imprimeurs, Libraires , Fondeurs, Relieurs, Doreurs , Compagnons , Ouvriers , Apprentis , Colporteurs & autres, de porter honneur aux Syndic & Adjoints , & de leur obéir en faiſant leurs Charges. Leur défend de les injurier, leur méfaire ou médire ; à peine de cinquante livres d'amende, & de punition Exemplaire, ſi le càs le requiert.

TITRE XIII.

DE LA VISITE des Imprimeries & Librairies; Et de celles des Livres venans de dehors, en la Chambre Syndicale.

ARTICLE LXXXV.

LEs Syndic & Adjoints pourront faire leur Visite toutes & quantes fois qu'ils le trouveront necessaire , dans tous les lieux où seront les Imprimeries, Boutiques ou Magazins des Libraires & Fonderies , même dans les Colleges , Maisons Religieuses , & autres endroits prétendus Privilegiez Enjoint aux Superieurs , Principaux & autres, d'ouvrir leurs Portes & de souffrir ladite Visite , à peine de désobeïssance. Seront tenus lesdits

Syndic & Adjoints, de faire une
fois au moins tous les trois Mois
la Visite generale des Imprimeries , & de dresser un Procès-
verbal des Ouvrages qui s'imprimeront; des Apprentis , Compagnons & Ouvriers ; du nombre
des Presses, & de la qualité &
quantité des Caracteres de chacun Maître Imprimeur , & des
malversations si aucunes y a : Lequel Procès-verbal ils remettront
entre les mains du Lieutenant
General de Police, pour y estre
par lui pourvû. Enjoint aux Imprimeurs de tenir leurs Imprimeries ouvertes, ou seulement
fermées d'un loquet pendant le
temps du travail , à peine de cinquante livres d'amende, payable
un tiers , par le Directeur ou
Conducteur de l'Imprimerie, &
le surplus par les Compagnons ,
Apprentis & Ouvriers. Et pour
subvenir aux besoins de la Communauté , sera payé trente sols
par chacun Maître & par chaque

Veuve de Maître, pour le droit de chacune des quatre Vifites que lefdits Syndic & Adjoints feront tenus de faire, par chacun an, chez tous les Maîtres & Veuves de ladite Communauté, & ce conformément à ladite Declaration du 11. Septembre 1703. jufqu'à ce qu'il en ait été par Sa Majefté autrement ordonné.

Article LXXXVI.

Au cas que lors des Vifites qui feront faites chez les Libraires & Imprimeurs, ou dans les Magazins étant dans les Colleges, ou autres Lieux prétendus Privilegiez, il foit fait refus d'ouvrir les Portes, il en fera par les Syndic & Adjoints dreffé Procès-verbal, dont ils refereront au Lieutenant General de Police, à l'effet d'obtenir main forte & même Permiffion de faire proceder par bris & rupture des Portes, en fe conformant à l'Ordon-

nance ; ce qui sera executé aux
frais & dépens des Principaux &
Superieurs des Colleges & Maisons Privilegiées , qui seront
contraints au payement, par Sai-
sie, tant de leur biens person-
nels que du revenu desdites
Maisons & Colleges.

ARTICLE LXXXVII.

S'il ne se trouve dans quelqu'unes desdites Imprimeries , le
nombre des Presses & Caracteres cy-devant prescrit ; les Syndic & Adjoints en dresseront un
Procès-verbal particulier , qu'ils
remettront au plûtard dans trois
jours au Lieutenant General de
Police, pour y être par lui pourvû immediatement dans l'Au-
diance suivante.

ARTICLE LXXXVIII.

Les Syndic & Adjoints en faisant leurs Visites, tiendront la

main , à ce qu'il ne ſoit employé à l'Impreſſion aucuns mau-
vais Caracteres, ni aucun Papier
de mauvaiſe qualité ; & en cas
qu'ils en trouvent , ils ſeront tenus de les ſaiſir , & de les faire
tranſporter en la Chambre de la
Communauté : Ils veilleront pareillement à ce que les Apprentis, tant Imprimeurs que Libraires , ſoient en exercice actuel
chez leurs Maîtres.

Article LXXXIX.

Tous les Libraires ou autres
Perſonnes de quelque qualité &
condition qu'elles ſoient , ſans
aucune exception , qui feront
venir à Paris des Livres imprimez dans le Royaume ou dans
les Pays étrangers , ou des Eſtampes , ſeront tenus de les faire
apporter dans la Chambre Syndicale de la Communauté au même
état qu'ils ſeront arrivez , & ne
pourront les retirer de la Doüan-

ne, des Voituriers par terre ou
par eau & des Meſſagers, ſans
un billet du Syndic ou de deux
de ſes Adjoints. Seront parcille-
ment tenus les Marchands Merciers Groſſiers, qui vendent des
Alphabets, Almanachs, Heures
& petits Livres de Prieres imprimez hors de cette Ville de
Paris, de faire apporter leurs
Balles ou Pacquets deſdits Livrets en ladite Chambre, pour
y eſtre viſitez, à peine de confiſcation & d'amende. Veut Sa
Majeſté que trois au moins deſdits Syndic & Adjoints ſe tranſ-
portent en ladite Chambre pour
ladite viſite tous les Mardis &
Vendredis de chaque ſemaine
deux heures de relevée, & re-
tiennent pardevers eux les Factures des Livres contenus dans leſdites Balles, Caiſſes & Pacquets,
leſquelles Factures leur ſeront
préalablement remiſes, ſignées
de ceux qui retireront leſdites
Balles, & qui en donneront leur

reçû sur le Registre desdites Visites ; & où il se trouveroit des Livres ou Estampes contraires à la Religion, au bien & au repos de l'Etat, & à la pureté des mœurs, ou Libelles diffamatoires contre l'honneur & la reputation de quelques-uns des Sujets de Sa Majesté, ou imprimez dans le Royaume sans Privilege ny Permission, & sans nom de Libraire & de la Ville où ils auront esté imprimez ou contrefaits sur ceux imprimez avec Privilege ou continuation de Privilege ; les Syndic & Adjoints arresteront tous lesdits Livres & Estampes, ensemble ceux qui y seront joints, & les Marchandises s'il y en a, qui auront servy de couverture ou de pretexte pour faire passer lesdits Livres ; desquels dits Livres & Estampes ainsi saisis & arrestez, ils tiendront un Registre particulier.

ART. XC.

A R T I C L E XC.

Défend Sa Majesté à tous Maîtres & Conducteurs de Caroſſes,
Coches & Meſſagers, Chartiers,
Rouliers & autres Voituriers, tant
par eau que par terre, qui ame-
neront en cette Ville de Paris des
Balles, Ballots ou Pacquets de
Livres & Eſtampes, gros & petits, & des Fontes & Caracteres
ſervant à l'Imprimerie ; comme
auſſi à leurs Facteurs de les délivrer à leurs adreſſes, & même de
les décharger aux environs de
Paris ou ailleurs. Défend pareillement à toutes perſonnes de quelque qualité & condition qu'elles
ſoient, de recevoir ny ſouffrir
qu'il ſoit envoyé dans leurs Maiſons aucuns Livres, Eſtampes ny
Caracteres d'Imprimerie par en-
tre-poſt ny autremtnt. Veut qu'ils
ſoient conduits directement à la
Doüanne, ou délivrez ſur le
Billet du Syndic ou de deux de

M

fes Adjoints, pour eftre portez
en la Chambre de la Communauté defdits Libraires & Imprimeurs, afin d'y eftre vifitez,
ainfi qu'il eft dit cy-deffus, à
peine contre les Contrevenans
de confifcation de leurs Batteaux,
Coches, Caroffes, Harnois &
Chevaux, de mil livres d'amende, & de répondre en leurs propres & privez noms, tant des
abus qui en pourront arriver, que
de tous dépens, dommages &
interefts envers les Libraires,
même de punition exemplaire en
cas de recidive. Ordonne & enjoint à tous Directeurs, Infpecteurs, Controlleurs, Commis &
Gardes des Bureaux d'Entrées &
Barriere de la Ville & Banlieuës
de Paris, de tenir la main, à ce
que les Balles, Balots ou Pacquets de Livres & Eftampes, &
de Fontes ou Caracteres d'Imprimerie foient feurement conduits
à la Doüanne, & où il fe trouveroit des Balles ou Pacquets de

Livres , Eſtampes ou Caracteres
d'Imprimerie, qui n'auroient pas
eſté declarez par les Conducteurs
des Voitures , ou paſſant en frau-
de par des lieux détournez ; Veut
que leſdites Voitures ſoient arrê-
tées , dont il ſera auſſi-toſt donné avis aux Syndic & Adjoints
des Libraires & Imprimeurs , qui
feront tranſporter leſdites Balles
ou Pacquets de Livres , Eſtampes
ou Caracteres en ladite Chambre
Syndicale , & s'en chargeront ſur
le procez verbal deſdits Officiers
& Commis. Fait pareillement
défenſes à tous Libraires , Imprimeurs , Fondeurs & autres
perſonnes de recevoir aucuns Livres , Eſtampes ou Caracteres
d'Imprimerie , quand même ils ſe
trouveroient mêlez avec d'autres
Marchandiſes , s'ils n'ont eſté
préalablement viſitez dans ladite
Chambre , à peine de confiſcation, tant des Livres , Eſtampes
& Caracteres de quelque nature
qu'ils ſoient, que des autres Mar-

chandifes qui s'y trouveront jointes , de trois mil livres d'amende,
& de tous dépens , dommages &
interefts.

Article XCI.

Défend aux Infpecteurs & Pré-
pofez au Bureau de la Doüanne
de la Ville de Paris , enfemble
aux Commis employez aux Ports
& Barrieres , Maîtres des Coches , Caroffes , Meffageries ,
& tous autres, de délivrer aucunes
Balles , Ballots , Caiffes ou Pacquets de Livres ou Eftampes à
aucunes perfonnes de quelque
qualité & condition, & fous quelque pretexte que ce foit , & ce
nonobftant tous Arrefts , Ordres
ou Permiffions à ce contraires,
aufquels Sa Majefté a dérogé &
déroge à cet égard , même à
l'Art. VI. de l'Arreft du Confeil
du onziéme Septembre 1720.
portant Reglement pour la Biblioteque de Sa Majefté ; le tout

à peine contre les Contrevenans
d'en répondre en leurs propres &
privez noms, de cinq cens livres
d'amende ; & d'eſtre déchûs &
privez de leurs Emplois ou Privileges.

A R T I C L E XCII.

Défeud Sa Majeſté à tous Syndics & Adjoints, Gardes & autres Officiers des Communautez
des Libraires & Imprimeurs des
Villes des Provinces du Royaume, enſemble à tous Directeurs,
Commis, Gardes, Inſpecteurs,
& autres Employez dans les
Doüannes, Romaines & Bureaux,
d'ouvrir ny viſiter aucunes Balles,
Ballots, Caiſſes ou Pacquets de
Livres, d'Eſtampes ou de Caracteres d'Imprimerie venans des
Pays étrangers, ou des Provinces
du Royaume en la Ville de Paris,
& de les arreſter dans leurs rou-
tes ; ainſi leur enjoint de les
laiſſer paſſer avec Acquit à cau-

tion jufqu'au lieu de leur deſti-
nation ; à l'effet dequoy les Voituriers qui feront chargez des
Balles ou Pacquets de Livres,
d'Eſtampes ou de Caracteres
d'Imprimerie , feront tenus de
prendre ledit Acquit à caution;
fçavoir pour les Livres , Eſtampes & Caracteres venans des
Pays étrangers dans les premiers
Bureaux d'entrées du Royaume;
& pour ceux venans des Provinces du Royaume , dans le Bureau
du lieu d'où l'envoy fera fait,
ou s'il n'y en avoit point, dans le
plus prochain par où ils paſſeront, dans lequel Bureau leſdits
Balots ou Paquets feront Plombez , par les Commis des Fer-
mes de Sa Majeſté , & les Voituriers y feront fur le Regiſtre
des Acquits à Caution, leurs foû-
miſſions, par leſquelles ils s'obli-
geront ou feront pour eux obli-
ger perſonnes folvables , de repreſenter au Bureau de la Doüanne , de la Ville de Paris , leſdits

Balots ou Pacquets plombez , &
de rapporter au plûtard dans
deux mois un Certificat qui fera
écrit au dos dudit Acquit à caution , portant que lefdits Balots
ou Pacquets y ont été reprefen-
tez & remis ès mains des Syndic
& Adjoints de ladite Ville , qui
mettront pareillement fur lefdits
Acquits à caution leur Certificat,
que lefdites Balles , Balots ou
Pacquets ont été portez en leur
Chambre Syndicale. Veut que
tous les Livres & Livrets qui
viendront des Pays étrangers ne
puiffent entrer dans le Royaume
que par les Villes de Paris,
Roüen , Nantes ; Bordeaux ,
Marfeille , Lyon , Strafbourg,
Metz , Amiens & Lille. Fait défenfes à toutes fortes de perfonnes de les traduire par aucunes
autres Villes , ny par aucun autre Bureau ou paffage , à peine de
confifcation.

ARTICLE XCIII.

Les Syndic & Adjoints lors qu'ils en feront requis , délivreront leur Certificat , de l'état auquel ils auront trouvé les Livres ou Eſtampes , lors de l'ouverture des Balles , Balots , Caiſſes ou Paquets , pour ſervir à ceux qui auront fait venir leſdits Livres ou Eſtampes, contre les Voituriers & Meſſagers , en cas de déperiſſement deſdits Livres ou Eſtampes, par leur faute ou négligence.

ARTICLE XCIV.

Les Syndic & Adjoints en faiſant la Viſite ordinaire des Livres , dans la Chambre de la Communauté, n'en pourront acheter ou faire acheter aucuns pour leur Compte , ni mettre à part pour changer ; pourront neanmoins vingt-quatre heures après ladite Viſite , acheter ou échanger pour

pour leur compte lefdits Livres
vifitez, ainfi que les autres Libraires.

ARTICLE XCV.

Les Balots ou Paquets non-
reclamez, & non-retirez de la
Chambre Syndicale, après un an
du jour qu'ils auront été apportez en ladite Chambre, feront
ouverts, en confequence d'une
Ordonnance du Lieutenant General de Police, par les Syndic
& Adjoints, en prefence d'un
Commiffaire, qu'il commettra à
cet effet, lequel dreffera fon
Procès-verbal, tant des Livres
que des autres Effets qui s'y
trouveront, pour fur ledit Procès-verbal, être ftatué par le
Lieutenant General de Police,
ainfi qu'il appartiendra.

ARTICLE XCVI.

Les Syndic & Adjoints vifiteront toutes & quantes-fois qu'ils jugeront à propos, les Boutiques, Maisons & Ouvroirs des Doreurs & Relieurs, de même que celles des Libraires & des Imprimeurs: & s'ils y trouvent des Livres défendus, ou contrefaits, ou imprimez dans le Royaume, sans Permission ou Privilege, ils les saisiront, & les feront transporter sur le champ, en la Chambre de la Communauté, pour être ensuite procedé, contre ceux qui s'en trouveront saisis, ainsi qu'il appartiendra.

A R T I C L E XCVII.

Les Syndic & Adjoints visiteront les Tapissiers, Dominotiers & Imagers, à ce qu'ils n'ayent à Imprimer, ni vendre aucuns Placards, ni Peintures & Images dissolus, & ne puissent avoir dans leurs Maisons, que des Presses uniquement propres à imprimer des Planches gravées en Bois

ou en Cuivre. Défend aufdits
Tapiſſiers, Dominotiers & Imagers, d'avoir pardevers-eux, aucunes Preſſes, ni aucuns Caracteres de Fonte, propres à Imprimer
des Livres. Veut que quand ils
voudront mettre au deſſous de
leurs Eſtampes & Figures, quelque explication imprimée & non
gravée, ils ayent recours aux Imprimeurs, & que ladite explication, ne puiſſe exceder le nombre de ſix lignes, ni paſſer juſ-
qu'au revers deſdites Eſtampes
& Figures. Seront tenus leſdits
Tapiſſiers, Dominotiers & Imagers, faire apporter en la Chambre de la Communauté des Libraires & Imprimeurs, les Marchandiſes de leurs Arts, qu'ils
feront venir des Pays Etrangers,
& des Provinces du Royaume,
pour y être viſitez par les Syndic & Adjoints ; le tout à peine
de confiſcation au profit de ladite Communauté, & d'Amende
arbitraire. Et afin que ceux qui

feront profeſſion de Dominote-
rie & Imagerie, ſoient connus par
leſdits Syndic & Adjoints : Veut
que tous leſdits Tapiſſiers , Dominotiers & Imagers, ſoient tenus de faire inſcrire ſans frais ,
ſur le Regiſtre de la Communauté , leurs Noms & leurs demeures ; à peine de cent livres
d'amende , ſans que ladite In-
ſcription puiſſe leur donner le
droit de vendre aucun Livre ou
Livret , ni d'exercer ladite Profeſſion d'Imprimeur ou Libraire ,
en quelque maniere & ſous quelque pretexte que ce ſoit , ſous
les peines portées par les pré-
cedents Articles.

ARTICLE XCVIII.

Les Marchandiſes de Librairie ,
qui ſeront ſaiſies pour contra-
vention , ſeront dépoſées en la
Chambre de la Communauté des
Libraires & Imprimeurs : Les
Syndic & Adjoints s'en charge-

ront par les Procès-verbaux de
Saisies, pour les garder sans frais,
jusqu'à ce qu'il ait été statué sur
lesdites Saisies, sans que les Marchandises puissent être transpor-
tées ailleurs, ou laissées en la
garde d'aucun autre gardien ou
Officier.

TITRE XIV.

DES LIBELLES
Diffamatoires, & autres Livres prohibez & défendus.

ARTICLE XCIX.

CEux qni imprimeront ou feront imprimer, vendront,
exposeront, distribueront ou
colporteront des Livres ou Libelles contre la Religion, le
Service du Roy, le bien de
l'Etat, la pureté des Mœurs,
l'honneur & la réputation des

Familles & des Particuliers, feront punis fuivant la rigueur des Ordonnances. Et à l'égard des Imprimeurs, Libraires, Relieurs ou Colporteurs, ils feront en outre privez & déchûs de leurs Privileges & immunitez,& declarez incapables d'exercer leurs Profeffions, fans pouvoir y être jamais rétablis.

ARTICLE C.

Les Apprentifs & Compagnons ne pourront vendre & negocier aucuns Livres, pour leur compte particulier, à peine de confifcation des Livres, & de cinq cent livres d'amende pour la premiere fois, & en cas de récidive, d'être declarez incapables de parvenir à la Maîtrife, même de punition Exemplaire.

TITRE XV.

DES PRIVILEGES
& continuation d'iceux, pour l'Impreſſion des Livres.

ARTICLE CI.

AUcuns Libraires ou autres, ne pourront faire imprimer ou réimprimer, dans toute l'étenduë du Royaume, aucuns Livres, ſans en avoir préalablement obtenu la Permiſſion par Lettres ſcellées du grand Sceau ; leſquelles ne pourront être demandées ni expediées, qu'àprès qu'il aura été remis à M. le Chancelier ou Garde des Sceaux de France, une Copie Manuſcrite ou Imprimée du Livre, pour l'Impreſſion duquel leſdites Lettres ſeront demandées.

Article CII.

Ne pourront pareillement lefdits Libraires ou autres , faire
imprimer ou réimprimer aucuns
Livres , ni même des Feüilles vo-
lantes & fugitives, fans en avoir
obtenu Permiffion du Lieutenant
General de Police , & fans une
Approbation de Perfonnes capables & choifies par lui, pour l'e-
xamen ; & fous ledit nom de Livres , ne pourront eftre compris
que les Ouvrages dont l'impreffion n'excedera pas la valeur de
deux Feüilles en Caracteres de
Cicero.

Article CIII.

Aucuns Livres ou Livrets ,
ne pourront eftre imprimez ou
réimprimez , fans y inferer au
commencement ou à la fin , des
Copies entieres tant des Privileges & Permiffions , fur lefquels
ils

ils auront été imprimez ou réimprimez, que de l'Approbation de
ceux qui les auront lûs & exa-
minez, avant l'obtention defdits
Privileges & Permiffions.

A r t i c l e CIV.

Si les Ouvrages pour l'Impreffion defquels on demande des
Privileges & Permiffions, con-
tiennent plufieurs Traitez, Parties ou Volumes, dont il n'y aura
que les premiers d'achevez quand
les Permiffions feront accordées,
aucuns Libraires, Imprimeurs
ou autres ne pourront imprimer
ou faire imprimer en vertu defdites Permiffions, aucune parties
defdits Ouvrages, avant que lefdites Parties qui n'ont pas été
examinées avant l'obtention defdites Permiffions, ayent été examinées & approuvées, ce qui
fera executé, mefme à l'égard des
Prefaces, Avertiffemens, Epîtres
Dedicatoires, Supléments, Tables

& autres ; les Imprimez feront entierement conformes aux Exemplaires vûs par les Examinateurs , fans qu'on puiffe rien changer , adjoûter ou diminuer aux Titres defdits Livres ou Livrets, dans les Affiches ou Placards qui en feront mis au Lieux accoûtumez ; & pour cet effet les Imprimeurs , Libraires & autres, feront obligez après l'Impreffion achevée, de remettre ès mains de M· le Garde des Sceaux , l'Exemplaire Manufcrit , fur lequel elle aura été faite, ou un Exemplaire imprimé paraphé par l'Examinateur.

Article CV.

Les quatre Articles cy-deffus, feront ponctuellement executez, à peine contre les contrevenans, de demeurer déchûs de tous les droits portez par les Permiffions ou Privileges, & d'eftre procedé contre-eux, par confifcation d'E-

xemplaires , Amende , Clotûre
de Boutiques & autres plus gran-
des peines s'il y échet.

A R T I C L E   C V I.

Lefdites Lettres ou Privileges
de Permiffion , feront dans les
trois mois du jour de leur obtention , enregiftrées fur le Regiftre de la Communauté des Imprimeurs & Libraires de Paris,
fidelement, tout au long, fans in-
interlignes ni ratures , à peine
de nullité d'icelles, & aucun Livre ne pourra fous la même
peine, être affichez ni expofez
en vente , qu'après ledit enregi-
ftrement. Les Ceffions defdites
Lettres , feront pareillement re-
giftrées fur le même Regiftre,
au plûtard trois mois après la
datte defdites Ceffions, & tout au
long, à peine de nullité. Veut Sa
Majefté , que la même chofe foit
obfervée à l'égard des Permiffions accordées pour l'impreffion

des Livrets, avant qu'elle puiſſe avoir été commencée, & ſera ledit Regiſtre de la Communauté des Libraires & Imprimeurs de Paris, communiqué à toutes Perſonnes, pour y faire telles recherches & telles Extraits que chacun aviſera, au moyen dequoy leſdits Letres ſeront cenſées avoir été ſuffiſamment ſignifiées, nonobſtant toutes diſpoſitions à ce contraires, auſquelles Sa Majeſté déroge expreſſément.

Article CVII.

Pourront les Livres pour leſquels auront été obtenuës Letres de Privilege ou Permiſſion, être imprimez dans l'étenduë du Royaume. Défend Sa Majeſté d'en faire imprimer aucuns hors d'icelui, à peine de confiſcation des Exemplaires, & de quinze cent livres applicables moitié au profit de l'Hôtel-Dieu, & l'autre moitié au profit de la Communauté.

Article CVIII.

Tous Libraires , Graveurs &
autres perſonnes qui obtiendront
des Privileges ou Permiſſions du
grand Sceau pour l'impreſſion,
reimpreſſion ou gravure des Li-
res , Feüilles, Eſtampes , ſeront
tenus avant que de les pouvoir
afficher & expoſer en vente, de
remettre ſans frais entre les mains
des Syndic & Adjoints , cinq
Exemplaires brochez de chacun
des Livres , Feüilles & Eſtampes ,
qu'ils auront imprimez ou fait
imprimer en vertu deſdites Lettres de Privilege ou Permiſſion,
deſquels cinq Exemplaires leſdits
Syndic & Adjoints ſeront tenus
de ſe charger ſur un Regiſtre
particulier , & d'en donner un
reçû , pour eſtre par eux leſdits
Exemplaires remis huitaine aprés;
ſçavoir deux au Garde de la Biblioteque publique de Sa Majeſté, un au Garde du Cabinet du

Chasteau du Louvre , un en la
Biblioteque de M. le Garde des
Sceaux de France, & un à celuy
qui aura esté choisi pour l'Examen desdits Livres , Feüilles ou
Estampes : Comme aussi lesdits
Imprimeurs, Libraires, Graveurs
ou autres , remettront sans frais
entre les mains desdits Syndic &
Adjoints des Libraires & Imprimeurs de Paris trois Exemplaires
brochez de toutes les impres-
sions & reimpressions des Livres,
Feüilles & Estampes , desquels
Exemplaires lesdits Syndic &
Adjoints se chargeront , pour
estre employez aux affaires &
besoins de ladite Communauté;
le tout à peine de nullité des
Lettres de Privilege ou Permission, de confiscation des Exemplaires & de quinze cent livres
d'amende. Enjoint ausdits Syndic
& Adjoints d'y tenir la main, &
de saisir tous les Exemplaires des
Livres , Feüilles & Estampes qui
seront mis en vente , & affichez

avant qu'il ait esté satisfait, à ce
qui est ordonné par le present
Article, ce qui sera pareillement
observé pour les Livres & autres
Ecrits imprimez avec Permission
des Juges de Police.

A r t i c l e CIX,

Défend Sa Majesté à tous Imprimeurs & Libraires du Royaume de contrefaire les Livres,
pour lesquels il aura esté accordé
des Privileges ou continuations
de Privileges , & de vendre &
débiter ceux qui seront contrefaits, sous les peines portées par
lesdits Privileges ou continuations de Privileges, qui ne pourront estre moderées ni diminuées
par les Juges ; & en cas de recidive , les Contrevenans seront
punis corporellement, & déchûs
de la Maîtrise , sans qu'ils puissent directement ni indirectement
s'entremettre du fait de l'Imprimerie & du commerce des Livres.

Article CX.

Ne pourront lefdits Libraires & Imprimeurs ny autres demander aucun Privilege pour l'impreſſion des Factums , Memoires, Requeſtes , Placets , Billets d'enterremens , Pardons , Indulgences , Monitoires ; & feront lefdits ouvrages indifferemment imprimez par les Imprimeurs , dont les Particuliers voudront ſe ſervir. Pourront les Imprimeurs & les Libraires imprimer ou faire imprimer les Pardons , Indulgences & autres Ouvrages propres à chaque Dioceſe ſur les Privileges ſpeciaux qu'en auront obtenus les Evêques.

Article CXI.

Veut neanmoins Sa Majeſté, que les Factums , Requeſtes, ou Memoires ne puiſſent être imprimez , ſi les Copies qui feront

remiſes

remiſes entre les mains des Imprimeurs ou Libraires , ne ſont
ſignées d'un Avocat inſcrit ſur le
Tableau , ou d'un Procureur. Les
Arreſts de la Cour de Parlement
& de la Cour des Aydes de Paris , ne pourront être imprimez
ſans Permiſſion particuliere deſdites Cours obtenuës par Arreſt
ſur Requeſte preſentée à cet effet,
à peine contre les Contrevenans
de deux cent livres d'amende
pour la premiere fois, & à l'é-
gard des Imprimeurs en cas de
recidive d'être ſuſpendus de leurs
fonctions pendant trois mois , à
l'exception neanmoins des Arreſts de Reglement , & de tous
ceux qui concernent l'ordre &
la diſcipline publique, qui doivent
être imprimez par les ſoiñs des
Procureurs Generaux de Sa Majeſté ; comme auſſi des Arreſts
d'ordre & d'homologation des
Contrats , pour être ſignifiez aux
Parties,

ARTICLE CXII.

Défend Sa Majesté à tous Graveurs, Imagers & Dominotiers, de graver, imprimer ou faire imprimer, vendre & débiter aucunes Cartes de Geographie & autres planches ny explication étant au bas d'icelles sans Priviléges du grand Sceau, ou Permissions du Lieutenant-General de Police, qui seront regiftrez sur le Livre de là Communauté des Libraires & Imprimeurs de Paris, ainsi qu'il est prescrit par l'Art. CVI. cy-deffus.

✿✿✿✿✿✿✿✿✿✿✿✿✿✿

TITRE XVI.

DES VENTES,
Inventaires & Prisées des Bi-
bliotheques, des Imprimeries &
Librairies.

ARTICLE CXIII.

DEffend Sa Majesté aux Huissiers-Priseurs de s'immiscer
à faire aucune Prisée ni description de Livres. Ordonne qu'elles seront faites par deux Libraires, lorsqu'ils en seront requis
par les Heritiers Legataires ou
autres Parties interessées, & sera
l'Inventaire, ainsi fait par lesdits Libraires, mis & annexé
par les Notaires à l'Inventaire
des autres Meubles, dont il sera
fait mention par un seul Article,
dans la Minute & dans la Grosse
de l'Inventaire general des autres

Effets , qui fera fait par lefdits Notaires. Défend à tous Libraires de s'ingerer de faire lefdites defcription & prifées , autrement que dans la forme prefcrite cy-deffus , à peine de cinq cent livres d'amende & d'interdiction pendant fix mois. Enjoint aux Syndic & Adjoints d'y tenir la main , à peine d'en répondre en leur propres & privez Noms : Leur ordonne en outre, d'envoyer chaque année aux Syndics des Notaires & des Huifliers-Prifeurs la Lifte de ceux qui compofent leur Communauté , qui pourront feuls eftre appellez aufdites Defcriptions & Prifées , fans préjudice neanmoins du jugement de l'Inftance , qui eft pendante au Confeil , entre l'Univerfité de Paris & la Communauté des Libraires , & fera payé à chacun defdits Libraires qui feront appellez , fix livres par chacune vacation.

Article CXIV.

Défend à toutes Personnes de telles qualité & condition qu'elles soient, autres que les Libraires compris dans ledit Tableau, de s'immiscer à faire aucune Description ou Prisée des Bibliotheques & Cabinets de Livres, en quelque sorte & maniere que ce soit, à peine de nullité desdites Descriptions & Prisées, & de cinq cent livres d'amende, & aux Huissiers-Priseurs de proceder à la Vente des Livres des Personnes decedées, avant que la Prisée en ait été faite par les Libraires, à peine de nullité, d'Interdiction & de pareille amende. Comme aussi aux Notaires de recevoir aucunes Prisées faites par les Huissiers, ou autres Personnes que les Libraires dénommez dans ledit Tableau, à peine de semblable Amende.

Article CXV.

Ne pourront les Ventes volontaires des Bibliotheques ou Cabinets de Livres, fous quelque pretexte que ce foit, eftre faites par aucun Particulier publiquement, par Affiche & en détail.

Article CXVI.

Avant qu'il foit procedé à la Vente des Bibliotheques ou Cabinets de Livres, qui auront appartenu à des perfonnes decedées, les Syndic & Adjoints feront appellez pour en faire la vifite, & en donneront leur Certificat, fur lequel il fera obtenu une Permiffion du Lieutenant General de Police, pour faire ladite Vente ; feront tenus lefdits Syndic & Adjoints lors de ladite Vifite, de mettre à part & de faire un Catalogue des Livres dé-

fendus ou imprimez fans Permiffions, qu'ils remettront au Lieutenant General de Police, pour
eftre envoyé à M. le Garde des
Sceaux, duquel Catalogue ils
laifferont aux Parties intereffées
un double figné d'eux, & fe
chargeront lefdites Parties defdits Livres contenus audit Catalogue. Défend à tous Libraires
de faire l'achat defdites Bibliotheques, s'il ne leur eft apparu
de Certificat des Syndic & Adjoints, pour juftifier que la Vifite en aura été par-eux faite, à
peine de cinq cent livres d'a-
mende & d'interdiction pendant
fix mois : Difpenfe neanmoins de
la formalité de ladite Vifite,
les Bibliotheques ou Cabinets de
Livres, qui feront leguez ou don-
nez, fi ce n'eft que les Legs ou
Donnations en ayent été faits à
la charge de vente; Et fera le contenu au prefent Article executé,
mefme dans les Lieux Privilegiez
de la Ville & Fauxbourgs de

Paris, & du Ressort des Justi-
ces Particulieres & Seigneuriales,
sans que sous quelque pretexte
que ce soit, aucunes Ventes de
de Livres puissent estre faites par
la Permission d'autres Juges,
que du Lieutenant General de
Police.

Article CXVII.

Ladite Visite sera faite par
deux desdits Syndic & Adjoints,
à chacun desquels sera payé six
livres.

Article CXVIII.

Les Libraires qui auront acheté en Compagnie une Bibliotheque ou Cabinet de Livres, en
feront transporter les Livres ou
Manuscrits après la Visite cy-
dessus ordonnée, & incontinent
après l'achat, dans la Chambre
de la Communauté, pour faire
entr'eux & en la presence desdits
Syndic

Syndic & Adjoints, le partage defdits Livres ; lequel temps de partage ne pourra exceder l'espace de huit jours, quelque nombreuse que soit la Biblioteque , & pendant le cours dudit temps , il n'en sera vendu aucun Livre sous quelque pretexte que ce soit.

Article CXIX.

Les Libraires qui auront acheté en Compagnie des Livres, ne pourront les faire transporter dans aucune Maisons Religieuse, aucun College ni autres Lieux, prétendus Privilegiez , ou ailleurs , qu'en la Chambre de ladite Communauté , à l'effet dudit partage , & dans aucun autre Lieu que dans leurs Maisons, après ledit partage fait , à peine de confiscation & de quinze cent livres d'amende.

Article CXX.

Pourra neanmoins le Libraire qui achetera pour lui seul une Bibliotheque ou Cabinet de Livres, en faire transporter les Li-

Q

vres dans fa Maifon pour les y vendre & non ailleurs, après qu'ils auront été vifitez par les Syndic & Adjoints fur le Lieu de la Vente, avant que de les déplacer, conformément à l'Article CXVI.

ARTICLE CXXI.

Les Inventaires & Prifées des Fonds de Librairie & des Imprimeries, feront faits en la maniere accoutumée, par deux Libraires ou Imprimeurs ; & ledit Inventaire fera annexé par les Notaires à l'Inventaire des autres Meubles, ainfi qu'il eft dit par l'Article CXIII. La Vente defdits Fonds de Librairie, ainfi que des Livres en blanc ou reliez, vieux ou neufs appartenans aux Libraires, ne pourra être faite ailleurs qu'en la Chambre de la Communauté, en préfence des Syndic & Adjoints.

ARTICLE CXXII.

La Vente des Imprimeries ou de partie d'icelles, ne pourra être faite fans la Permiffion du Lieutenant General de Police, & qu'en la présence des Syndic & Adjoints, qui tiendront un Regiſtre de ladite Vente, ſur lequel les Imprimeurs auſquels ſeuls les Preſſes & Caracteres pourront être vendus & adjugez s'en chargeront, à peine de confiſcation & d'amende arbitraire contre les Contrevenans. Les Imprimeurs qui vendront des Preſſes ou partie de leurs Imprimeries à d'autres Imprimeurs, ſeront tenus ſeulement d'en faire la declaration ſur le même Regiſtre, avant que le tranſport en puiſſe être fait, & ſeront obligez d'en donner la préference aux Imprimeurs de Paris, ſous pareille peine.

Article CXXIII.

Avenant le decès d'un Imprimeur ſans Veuve ou ſans Enfans, qui ayent qualité pour exercer l'Imprimerie, les Viſſes des Preſſes de ſon Imprimerie ſeront portées à la diligence des Syndic & Adjoints, en la Chambre de la

Communauté, pour y être dépofées jufqu'à la vente de ladite Imprimerie.

V e u t Sa Majefté, que le préfent Arreft foit executé felon fa forme & teneur, nonobftant tous Reglemens précedens à ce contraires, aufquels Sa Majefté a derogé & déroge en tant que befoin, & fi aucunes oppofitions ou empefchement étoient formez au préfent Reglement, Sa Majefté s'en referve la connoiffance, & icelle interdit à toutes fes Cours & autes Juges : Et feront pour l'execution du préfent Reglement toutes Lettres neceffaires expediées. F a i t au Confeil d'Etat du Roy, S a M a j e s t e' y étant, tenu à Verfailles le vingt-huitiéme Fevrier mil fept cent vingt-trois. Signé, P h e l y p e a u x.

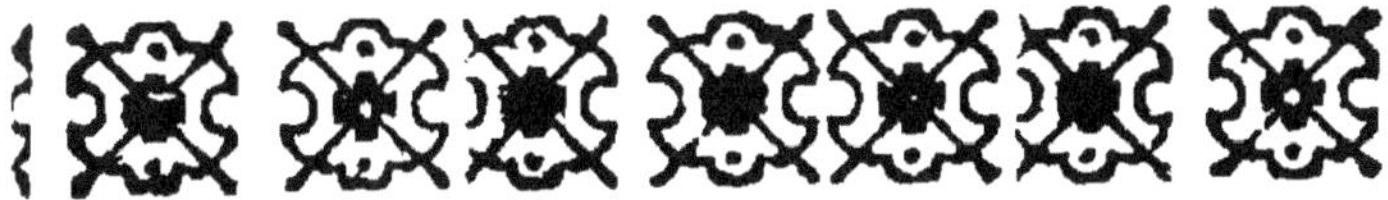

ARREST

DU CONSEIL D'ETAT,

DU ROY.

Du 19. Juin 1723.

EXTRAIT DES REGISTRES
du Conseil d'Etat.

LE Roy ayant par Arreſt de ſon
Conſeil du vingt-huit Fevrier
dernier, fait un nouveau Regle-
ment ſur tout ce qui concerne la
Librairie' & Imprimerie de Paris;
& Sa Majeſté voulant pourvoir à
ce que ce Reglement ſoit ponctuel-
lement executé : Oüy le Rapport.
SA MAJESTE' ESTANT EN
SON CONSEIL , a Ordonné &
Ordonne que ledit Arreſt du 28.

Fevrier dernier fera lû & enregiftré en la Chambre Syndicale des Libraires & Imprimeurs de Paris, en prefence du Sieur d'Argenfon, Confeiller de Sa Majefté en fes Confeils, Maître des Requeftes ordinaire de fon Hôtel, Lieutenant General de Police de ladite Ville, pour être executé felon fa forme & teneur : Enjoint Sa Majefté audit Sieur d'Argenfon d'y tenir exactement la main, & luy attribuë à cet effet toute Cour, Jurifdiction & Connoiffance, pour tout ce qui concernera l'execution dudit Reglement, & icelle interdit à toutes fes Cours & autres Juges, fauf l'appel au Confeil des Jugemens qui feront par luy rendus, pour y eftre ftatué de l'Avis de Monfieur le Garde des Sceaux, ainfi qu'il appartiendra. FAIT au Confeil d'Etat du Roy, Sa Majefté y étant, tenu à Meudon, le dix-neuviéme Juin mil fept cent vingttrois. Signé, PHELYPEAUX.

MARC-PIERRE DE VOYER DE PAULMY, Chevalier, Comte d'ARGENSON, Conseiller du Roy en ses Conseils, Maître des Requestes ordinaire de son Hôtel , Grand'-Croix , Chancellier Garde des Sceaux de l'Ordre Royal Militaire de Saint Louis , Chancellier Garde des Sceaux Chef du Conseil , Sur-Intendant des Domaines & Finances de Son Altesse Royale Monsieur LE DUC D'ORLEANS, petit-Fils de France ; Lieutenant General de Police de la Ville, Prevosté , Vicomté de Paris , Commissaire député pàr le Roy en cette partie par l'Arrest cy-dessus.

VEU l'Arrest du Conseil de l'autre part , Nous Ordonnons qu'il sera executé selon sa forme & teneur ; & qu'à cet effet ledit Arrest sera transcrit sur les Registres de la Chambre Syndicale, ensuite de l'Arrest du Conseil du

vingt-huit Fevrier dernier, Lû &
Publié en icelle Chambre en nôtre presence ; & nôtre presente
Ordonnance executée, nonobstant
opposition ou appellation quel-
conques , pour lesquels ne sera
differé. Fait en nostre Hôtel le
treiziéme Octobre mil sept cent
vingt-trois. Signé, MARC-PIERRE
DE VOYER D'ARGENSON.

Et plus bas ,

Par Monseigneur,

DE LA PLAINE.